"La Máquina de los Deseos"

Autor: Gustavo Baras.

Dedicatoria.

A mis hijas, las cuales siempre han sido inspiración para mis sueños…

CAPÍTULO 1.

Corre el año 1921. Amanece en la gran ciudad de Múnich, y las personas caminan apresuradamente en dirección a sus labores. Un hombre de mediana edad se apresura también hacia su trabajo, cuando oye que lo llaman por su nombre.

- ¡Sargento Meltzer!, ¿trabaja ahora apagando incendios?

El hombre se vira, y su rostro muestra sorpresa. Un hombre más joven, acompañado de otros dos, se le acerca y le dice jocosamente:

- ¿Ya no conoce a un miembro de su batallón durante la Primera Guerra Mundial?

Ambos se dan la mano y se saludan efusivamente.

Meltzer saluda a los acompañantes de su amigo con una leve inclinación de cabeza, aunque éste no los presenta. Ellos tampoco le prestan mucha atención, pues se concentran en quienes pasan.

Entonces el más joven le pregunta:

- ¿Cómo están las cosas, Klauss?

Él responde con acritud.

- Todo más o menos, Adolfo.

Su rostro refleja tristeza. Después continúa:

- La vida está muy difícil y casi no hay trabajo.

El más joven responde alterado.

- ¡Eso es por culpa de los judíos; y de todos los traidores que vendieron este país en los onerosos acuerdos de Versalles!

- En eso tienes razón, Adolfo; y este gobierno es el peor de todos cuantos hemos tenido, pero no podemos hacer nada al respecto.

El joven le replica excitado:

- ¡Claro que sí se puede hacer algo!

Después mira hacia todos lados, y agrega bajando la voz:

– Mira, cuando nos licenciamos del frente, fui nombrado oficial de instrucción; y me dieron la tarea de espiar grupos y partidos de nuevo tipo para saber sus inclinaciones políticas.

Pero en este tiempo, conocí de la existencia del Partido Obrero Alemán: un grupo de gente con ideas similares a las nuestras y con visión de futuro; solo que no tenían un guía para lograr sus objetivos. Frecuenté sus reuniones; y desde el primer momento traté de evitar que las ideas pacifistas y traidoras de todos los judíos como ese Marx y otros, tuvieran su caldo de cultivo con ellos.

Respira profundo y agrega con orgullo:

- Me dediqué en cuerpo y alma a eso, y ahí descubrí mi vocación, Klauss. Estoy metido en la política, y a ella voy a dedicar mi vida. Ahora el partido va a ser rebautizado como Partido Nacionalsocialista Alemán del Trabajo o simplemente *"Nazi"*, abreviado.

Meltzer responde:

- Eso que me cuentas es muy interesante. Ya había oído algo al respecto.

El más joven señala a uno de los que le acompañan. Es un hombre ya entrado en años.

- Mi amigo Eckart, aquí presente, se ha convertido en mi mentor. Me ha ayudado muchísimo en todo lo concerniente a la oratoria y a encausarme ideológicamente.

Eckart responde:

- ¡Bah! Eso no es nada. Tú tienes la buena madera, sólo hacía falta trabajarla. Y el señor puede constatarlo hoy, si se nos une en nuestro cónclave.

Al más joven se le ilumina el rostro.

- ¡Es cierto! Hoy en la tarde, después de trabajar, te espero en la cervecería Hofbräuhaus. Allí nos vamos a reunir toda la gente, con ideas de cambiar esta situación radicalmente. Y para evitar situaciones desagradables, como intentos de molestarnos por parte de comunistas y judíos democráticos, aquí mi amigo Ernst Röhm…

Señala al otro de sus acompañantes. Después continua:

- Ha organizado un grupo de miembros encargado de proteger las reuniones del partido. Son algo violentos, es verdad, pero efectivos.

Rohm, quien es un hombre atlético, de unos cuarenta años; dice inmutable.

- Hay que ser implacables con toda esa escoria humana de demócratas liberales, socialistas, comunistas y sindicalistas.

El joven dice riendo:

- ¡A veces se le va la mano! Provoca demasiados disturbios en los mítines de los partidos opositores, y persigue con saña a los judíos; sobre todo a los comerciantes, rompiéndole las vitrinas de los negocios.

Röhm, permanece inmutable ante semejante acotación; y mantiene su mirada vigilante en los alrededores, para evitar algún encuentro desagradable.

Meltzer responde a la oferta.

- Esta bien, iré; pues en realidad no tengo nada que hacer después del trabajo. Si podemos ayudar a arreglar esta situación, sería lo mejor que le pudiera suceder a esta tierra.

Su amigo le responde:

- Allí nos veremos entonces.

Se dan la mano efusivamente. Cuando se iban a separar; el joven le retiene la diestra, y le dice por lo bajo:

- Klauss; aunque casi me doblas la edad, siempre te he considerado un verdadero amigo. ¡Nunca olvidaré cuando me salvaste aquella vez en las trincheras!

Él responde con humildad.

- ¡Bah, Adolfo!; lo mismo hubieses hecho por mí.

- Es verdad; pero sin tu actitud decidida, el soldado francés hubiera acabado conmigo. Por eso me alegro mucho haberte encontrado hoy; ¡juntos ahora haremos grandes cosas!

Hace una pausa y le pregunta:

- ¿A qué te dedicas ahora?

- Pues a dar clases de economía en la universidad. Mi antigua profesión.

El joven se queda pensativo y agrega:

- Bueno, pues hasta la tarde entonces.

Y cada uno se marcha por diferentes rumbos.

De noche, en la cervecería Hofbräuhaus, las mesas están llenas de parroquianos. Hay humo de cigarrillos en el ambiente, y de vez en cuando se escuchan conversaciones airadas.

Los presentes se enzarzan en airados debates, sobre la incapacidad del gobierno para pagar las cuantiosas indemnizaciones a los aliados, por concepto de reparaciones de guerra.

El profesor Meltzer entra en la Hofbräuhaus, y se sienta en una de las pocas mesas vacías. El tabernero se le acerca y toma el pedido. Al rato le trae una cerveza y unas salchichas.

Pasado unos momentos; otro hombre se acerca, y le pide permiso al profesor para sentarse a su mesa.

Meltzer observa a su alrededor. El local ya está repleto. Apenas se puede caminar. Meltzer accede, y le hace espacio. El recién llegado se acomoda y, también pide una cerveza al tabernero.

Después de beber unos sorbos, le comenta:

- Parece que la gente de verdad está inspirada. Al menos aquí se respira una atmosfera de patriotismo.

Meltzer le pregunta:

- ¿Es su primera vez aquí?

- Sí. Ya había oído hablar del partido, pero nunca había venido.

Meltzer responde:

- Pues en eso estamos igual. Yo estoy aquí por un amigo que me invitó. Servimos juntos durante la guerra en el mismo batallón. Él con el grado de cabo y yo era su sargento. Se llama…

Pero no puede terminar la frase. Es interrumpido por una estruendosa ovación.

Todos los presentes se ponen de pie. Aclaman a Adolfo, el amigo de Meltzer; quien hace su entrada, escoltado por dos hombres con porte militar.

Adolfo también camina erguido. Se dirige hacia la barra, y se sube a una silla. Pasea su mirada por el auditorio, deteniéndose brevemente en Klauss. Todos hacen silencio, y comienza a hablar.

Mientras él habla, los rostros de los presentes se transmutan. Sus palabras llevan a la gente hasta el éxtasis.

Adolfo declara su programa de 25 puntos para el partido. Va denunciando al bolchevismo como una conspiración internacional de financieros judíos. Subraya muchas veces la idea de que los acuerdos de Versalles eran una traición al pueblo alemán, y de negarse a pagar aquellas reparaciones de guerra. Proclama su desprecio por la democracia, y habla en favor de un régimen dictatorial; con el cual promete el avance de la industria y acabar con el desempleo. Desacredita a las autoridades eclesiásticas, acusándolas de corrupción e inmoralidad. Ridiculiza el concepto de igualdad entre los seres humanos y reivindica la superioridad racial de los alemanes. Lleva a la masa hasta el delirio, y Klauss aplaude eufóricamente en varias ocasiones.

Todos se ponen de pie y Adolfo es proclamado como el Führer del partido; o sea, su líder máximo e indiscutible.

Adolfo es llevado en hombros de la multitud fuera del local.

El profesor refleja en su rostro un orgullo muy grande, por ser amigo de semejante hombre.

Su compañero de mesa lo mira curiosamente. El profesor se repone, pero el otro le coloca sonriente la mano en el hombro y le dice:

- No se preocupe, amigo. Yo también me sentí transportado por el discurso.

- ¡Es que Adolfo es el viejo amigo de quien le estaba hablando! ¡Nunca imaginé que pudiese ser proclamado líder supremo!

- Pues parece que sí lo es. Y sus ideas son de lo mejor que se puede oír en Alemania en estos días.

Le tiende la mano y se presenta:

- Mi nombre es Rudolf Hess. ¿Y usted?

- Klauss Meltzer.

- Entonces amigo Meltzer, nos volveremos a ver a menudo; si este amigo suyo mantiene sus principios, y no traiciona la confianza que hoy depositan en él tantas personas.

- No se preocupe, eso no sucederá. Hoy me di cuenta de que Hitler va a engrandecer al pueblo alemán. Nos va a convertir en la herramienta que se necesita, para establecer el dominio de Alemania sobre Europa y otras partes del mundo.

CAPÍTULO 2.

De mañana, un pequeño grupo de acólitos están en las afueras de la prisión de Landsberg esperando a Hitler; quien ha sido liberado por una amnistía. El profesor Meltzer, junto a su hijo, aguardan también con impaciencia el momento. El muchacho tiene unos dieciocho años.

El portón se abre, y Hitler lo atraviesa junto a Rudolf Hess. Los Meltzer se abalanzan hacia los recién salidos, con grandes muestras de afecto. Röhm y dos de sus secuaces, tratan de poner freno a otros simpatizantes; pero Hitler los contiene con un gesto.

Meltzer se dirige a Hitler y le habla excitado.

- ¡Al fin mi Führer! ¡No veía el momento de volvernos a ver!

- Así mismo es, Klauss. Nosotros también hemos desesperado ahí dentro. Aunque no hemos estado ociosos. Le he estado dictando a Hess mis ideas, las cuales voy a publicar en forma de un libro que titularé *"Mi Lucha"*. De esta manera, podrá ser difundido y conocido mi pensamiento en toda Alemania, y mucho más allá de sus fronteras. *"¡Mein Kampf"* se convertirá en el fundamento ideológico del nacionalsocialismo!

Hitler termina su alocución con ardor. Meltzer le responde:

- ¡Qué buena noticia, mi Führer! Después de todo, la suerte le ha sonreído. En vez de los cinco años de prisión a los que fue condenado por el Putsch de Múnich, sólo ha estado ocho meses, gracias a la amnistía decretada.

Hitler le dice, poniéndole una mano en el hombro.

- Klauss, eres mi amigo personal; no tienes por qué tratarme de "Usted".

- Prefiero nombrarlo así, en señal de respeto hacia el jefe de todo el partido.

Hitler sonríe benévolo y cambia de tema.

- Sin embargo, a pesar de haber salido de la prisión anticipadamente, me siento disgustado también; pues nuestro partido ha sido ilegalizado. Este año de 1923 no ha sido benévolo con nosotros…

Hitler se expresa con pesar. Pero Meltzer padre proclama delirante.

- ¡Pero se mantiene vivo, mi Führer! Siguiendo sus órdenes, después de mi última visita hace dos meses…

Mira hacia el vetusto edificio de la cárcel, y prosigue:

- …Yo tampoco he estado desocupado. Hemos llevado a cabo una labor muy importante para mantener el partido funcionando por células; y la propaganda acerca de nuestras ideas, se está difundiendo hoy más que nunca entre la clase media y los obreros. También nos hemos acercado a determinados círculos de los consorcios más poderosos, y puedo asegurarle que todos están encantados de apoyarlo en su renacer. Y, a propósito; después quiero presentarle a uno de los más fervientes trabajadores de nuestra causa. Se llama Joseph Goebbels. Está dedicado a la labor con la juventud, y ha logrado éxitos enormes. Mi hijo Klauss está enfrascado con él en ello, y puede dar fe de su buen trabajo.

Hitler mira al joven y le comenta:

- ¡Estas hecho todo un hombre! ¿Qué edad tienes ya?

El muchacho responde con orgullo en la voz:

- Dieciocho mi Führer. ¡Y listo para seguir trabajando para el partido!

- Ese espíritu es bueno, mas creo recordar que eres muy bueno en las matemáticas y la física; ¿verdad?

- Así es mi Führer.

Hitler se vuelve hacia el padre:

- Pues, entonces Klauss; no podemos desperdiciar semejante talento. Mi programa de desarrollo para una futura Alemania, necesariamente se fundamentará en hombres de ciencia. Debemos sentar las bases de nuestro despegue desde ahora. Así que, sin dejar de seguir siendo miembro de nuestras juventudes nazis, pasaras a estudiar a la universidad.

Meltzer padre le responde.

- Pero, mi Führer; ¡no tenemos los medios necesarios para pagar esos estudios!

- De eso se encargará el partido. Nuestros recursos, bien administrados, nos darán muchísimos resultados.

El joven dice con decisión, y cuadrándose con porte militar:

- ¡Eso me compromete más con nuestra causa, mi Führer! Puede estar seguro de que no lo defraudaré, y usted se sentirá orgulloso de mí.

Hitler sonríe orgulloso también:

- Este es un ejemplo vivo de cómo yo concibo la juventud de una nueva Alemania.

Mirando a su alrededor, pregunta al profesor:

- ¿Dónde está Eckart?

- También quería darle otra sorpresa, mi Führer. Es de parte de Eckart. Él no pudo venir, pues usted sabe que no está muy bien de salud.

- Es verdad. Por eso fue liberado antes de la prisión.

- Pero él tampoco ha estado inactivo, y me encomendó encarecidamente que hoy en la noche no se comprometa con nadie. Usted ha sido invitado por la sociedad Thule a una de nuestras reuniones. Yo también me hice miembro de ella, y estoy muy motivado por sus enfoques.

Hitler indaga intrigado:

- ¿Qué tipo de asociación es esa?

- Es una sociedad esotérica y ocultista. Ha sido nombrada así; en honor a un mítico país del norte, mencionado en la leyenda *"La*

Eneida". Pero lo más interesante, mi Führer, es su verdadero nombre: *"Studiengruppe für Germanic Altertum"*. Como comprende de su significado, se dedica al estudio de la antigüedad germánica. Hemos descubierto cosas muy interesantes sobre el origen de los arios; y su vinculación con una raza mitológica de superhombres ancestrales venidos de las estrellas.

Hitler pregunta interesado.

- ¿De veras?

- Sí, mi Führer.

Hitler dice pensativo:

- Dietrich siempre ha estado animado por esas ideas. De hecho, escribió un poema antes de conocerme; según él inspirado por una sesión de esoterismo, en la cual una médium rusa habló en alemán, y anunció la llegada de un Mesías para esta tierra. Siempre me ha visto así, y por eso se ha dedicado a entrenarme. Debo reconocer que, gracias a su ayuda, he incrementado mis dotes de orador y mi manera de conducirme en público.

-Pues ya vera que no se arrepentirá de estar entre nosotros.

- Está bien, pero ahora vámonos. Estoy deseoso de ver en la práctica todo cuanto han hecho en mi ausencia.

Se dirigen a los autos y montan en ellos. La comitiva parte.

CAPÍTULO 3.

La mañana es soleada, y la antesala del despacho de Hitler posee unos ventanales amplios que dejan pasar la luz del sol. Los Meltzer, padre e hijo se encuentran a la espera. El hijo ya es un joven de más edad, pues ya ha pasado algún tiempo desde la última vez que vieron a Hitler. De vez en cuando entran o salen individuos de la oficina.

Al cabo de un rato, un ayudante les hace pasar. Hitler se levanta de su escritorio para recibirlos.

- ¡Qué tal amigos! Ya no es mucho el tiempo que tenemos para encontrarnos y charlar.

Hitler les da la mano. Meltzer padre responde:

– Así es, mi Führer. Todos estamos enfrascados en la consecución de nuevos éxitos para el partido.

- Precisamente por eso los he llamado. Como bien saben, desde finales del año pasado se declaró una gran crisis económica en los Estados Unidos, la cual ya hace sentir sus embates en Europa. Tú Meltzer…

Hitler se dirige al progenitor.

- …seguramente comprendes mejor esta situación, que nuestro flamante joven investigador de Física.

Hitler le pone una mano en el hombro al hijo.

-Así es, mi Führer. La situación en ese país se ha ido de las manos, y está transmitiéndose a todo el mundo.

Hitler los invita a sentarse con un gesto. Él también se sienta. Despúes le pregunta al profesor.

- ¿Puedes explicarme en detalle, por qué consideras que se haya provocado este desastre?

Meltzer piensa unos instantes y responde:

- No es difícil de entender. En primer lugar; los precios de las acciones alcanzaron su mayor nivel en la bolsa, durante los primeros seis meses del mandato del presidente Hoover. Ello atrajo, por supuesto, miles de millones de dólares hacia el mercado bursátil; pero el dinero para tales inversiones no tenía una base real. Provino de préstamos bancarios, hipoteca de casas y la venta de obligaciones del Estado; es decir, todas las compras estaban basadas en un capital, cuyo respaldo eran propiedades y la propia economía personal. Si ésta colapsaba, todo se desinflaba como un globo. Eso significó que la población se endeudó más allá de su capacidad de pago.

El profesor hace una pausa y prosigue:

- Pero las leyes del mercado son inviolables, y nada puede ir más allá de sus límites normales. Como había tanta demanda, los especuladores comenzaron a comprar para revender. Así fue como en octubre del pasado año 1929; la fiebre compradora llegó a su fin, y se transformó en otra fiebre, en este caso la de vender. Ante la avalancha de ofertas, los precios colapsaron, y miles de personas perdieron todo cuanto habían invertido. Ello significó, en muchos casos, su completa ruina financiera, pues los bancos comenzaron a exigir la devolución de sus préstamos, El 29 de octubre fue el peor día en el mercado de valores de Nueva York, y se produjo una situación de pánico en todo el país. Hubo quiebras totales, y suicidios en masa ante la imposibilidad de pago…

El profesor se pasa la mano por la cabeza y continua:

- Se considera por los economistas norteamericanos que, para fines de ese año, la caída de los valores de las acciones había alcanzado la cifra de quince mil millones de dólares.

Hitler interviene con pasión.

- ¡Eso sucedió por basarse en el liberalismo económico!¡Ello es, precisamente, lo que quiero evitar para Alemania! ¡Nuestro país debe estar basado en un estado fuerte, que controle todas y cada una de las esferas de le economía nacional!

- Así es, mi Führer. Y sólo si ellos ceden en eso, podrán salvarse de la debacle total.

Hitler se levanta y arenga. Su mirada está fija en un punto, como si hablara a otro auditorio. - ¡Y cederán! Ya se observan atisbos de un cambio en ese sentido, aunque no quieran reconocerlo públicamente. Y esa es la razón por la cual, precisamente, los he llamado. Les voy a encomendar a ambos una misión de suma importancia. El hundimiento de la Bolsa de Nueva York ha tenido un llamado *"efecto Dominó"*. Una profunda depresión económica está afectándonos desde comienzos de este 1930, la cual tiene dimensiones mundiales impresionantes. En todas partes se cierran fábricas; crece constantemente la masa de trabajadores en paro, los bancos se hunden y la inflación sube.

Los Meltzer lo miran extasiados.

El Führer continúa:

- Para nosotros esta situación se perfila más catastrófica aún. Alemania ha dejado de recibir el flujo de capital extranjero, tan importante para el crecimiento de una economía recién salida de la guerra. Ha disminuido el ritmo de crecimiento de la industria, y bajaron los precios de muchos de nuestros productos de exportación, lo cual afecta nuestra capacidad de pago de las mal llamadas *"reparaciones de guerra"*. Pero todo eso nos va a ayudar; pues a medida que se agrava la depresión, la situación se muestra cada vez más propicia para una rebelión. La plataforma económica y social del partido, se perfila cada vez más como la única salida a esta crisis. ¡Tomaremos el poder, y así acabaremos con esta conspiración de judíos y comunistas que quieren ahogarnos!

Hitler termina enardecido, y Meltzer padre le dice exaltándolo:

- Evidentemente, el dominio de la palabra es un arma importantísima en el futuro Führer de toda Alemania; y es algo que nuestros enemigos aprenderán más tarde.

Hitler sonríe benévolo y continúa, calmándose un poco:

- Pero todas estas ideas no serán nada, si no se trabaja desde ahora para lograr esos objetivos. Y un papel importantísimo lo van a jugar ustedes.

Los Meltzer lo miran extrañados, y él prosigue:

- Mi idea consiste en enviarlos hacia Estados Unidos, para que se establezcan allí como refugiados. Deben naturalizarse e integrarse a la sociedad americana, pero harán la función de un caballo de Troya para mis futuros planes. Irán con una importante cantidad de dinero; el cual te servirá, Klauss…

Y mira al padre.

- …como capital inicial para establecer un negocio y prosperar. Creo, profesor; que, con tus conocimientos de economía, podrás hacerlo crecer mucho, y ponerlo en función de nuestros ideales.

Meltzer padre responde con firmeza.

- ¡No lo dude, mi Führer!¡Y usted tendrá cada mes un informe detallado de todas las operaciones financieras!

- No lo creo necesario. Tú eres hombre de probada confianza, y por eso has sido designado para ello. Gracias a la postura de nuestro partido, Thyssen, presidente de un grupo empresarial del sector del acero, y otros capitalistas importantes, nos han entregado grandes cantidades de dinero. Mi promesa de reconstruir una Alemania fuerte, crear más puestos de trabajo y devolver la gloria nacional, ha hecho que la representación de nuestro partido nazi en el Reichstag haya pasado; de 12 diputados en 1928, a 107 ahora en 1930. Se avecinan tiempos de renacer, caballeros; y en esta cruzada anticomunista, Alemania tiene que lograr sus objetivos de ser el país del futuro. Nuestro espacio vital se abrirá a todos los arios del mundo; y el resto de las naciones, agacharán la cabeza y cumplirán con la única función a la que vinieron a la Tierra: ¡Servirnos a nosotros!

Hitler se vuelve hacia el joven Meltzer.

- Y en cuanto a ti, hijo; tratarás de trabajar en alguna de las reputadas instituciones norteamericanas. Ellos están ávidos de encontrar talentos, y tú eres uno; y muy bueno, por cierto. Con tus conocimientos, estarás en la sombra para crear un frente de batalla científico. Y cuando llegue el momento ustedes, junto a otros que ya están o se les unirán; formarán el ejército invisible que, como las termitas, corroerá desde dentro a los diferentes gobiernos del mundo. Eso es algo que no falla…

CAPÍTULO 4.

Es de madrugada; y el profesor Meltzer hijo, se ha quedado dormido en el laboratorio que tiene montado en su casa. Por los amplios ventanales; se observa una leve claridad en el horizonte, anunciando el amanecer.

Meltzer levanta la cabeza; se restriega los ojos adormilados y se incorpora de la silla. Ya es un hombre de unos cuarenta años. Mira el reloj: son las 5 de la madrugada. Entonces mira hacia afuera y piensa:

"Verdaderamente, hay una bella vista desde las ventanas de mi casa".

El paisaje es muy hermoso en realidad. La ventana donde está parado da al patio; y desde allí se ven la piscina, una pérgola y unos bancos para descansar. A lo lejos están los establos de caballos.

Meltzer recuerda, por unos instantes; su vida antes de dedicarse a la intensa labor que le ha estado robando su tranquilidad y estabilidad en los últimos años: Se recuerda interactuando con sus caballos, los cuales constituían su hobby principal junto a sus perros de raza. Las perreras están situadas hacia la izquierda de los establos; y más allá se observa el verdor de una pequeña pradera. Meltzer recuerda con nostalgia cómo estaba acostumbrado a cabalgar.

Se vira y pasea la vista por la estancia; después se dirige a la puerta que da al patio, y sale a la pequeña terraza exterior.

El profesor piensa:

"Ya casi me había olvidado de este paisaje, con todo el tiempo pasado en Hanford y Oak Ridge. Pero bueno, ya estoy de vuelta en casa; y ahora espero poder disfrutarlo. ¡Bien me lo merezco! Y pensar que, cuando me casé con Ann, era un simple investigador en un laboratorio de física; con muchas ambiciones y sueños, pero nada en concreto. Pero eso ya quedó atrás, por suerte.

Después de mi matrimonio, todo mejoró. Adquirí esta propiedad de más de dos acres de tierra en las afueras de la ciudad; y la mandé a construir la casa según mis exigencias, antes de asumir lo que considero la misión de mi vida..."

Meltzer está abstraído de cuanto le rodea, y su mente vuela hasta el día en que se inició todo.

Recuerda su entrada en el departamento del instituto de investigaciones donde trabajaba. Su secretaria levanta la vista y lo recibe con una sonrisa…

"- Buenos días, doctor Meltzer. Se le ve muy animado después de esa gripe que lo ha tenido alejado tantos días de nosotros. ¡Sea bienvenido!

- Gracias Carol. En realidad, todavía estoy convaleciente. Todos en casa estuvimos aquejados por la enfermedad, incluso mi pequeño hijo de dos años. He hecho un esfuerzo por levantarme de la cama y venir a trabajar, pues la verdad es que no soportaba más la casa.

- ¡Ay profesor, no se aflija por eso! Si todo pudiera ser como uno quisiera, la vida no sería vida y el mundo no sería mundo.

- Así es, pero, de todos modos, mi deseo era ya sentirme curado.

- Mire, hablando de deseos, por ejemplo; ayer vi un vestido precioso en una exhibición de modas. Llego a la casa, y el patán de mi marido me dice que ya me había comprado uno la semana pasada; y ahí mismo empezó a darme una lección de política y de economía.

Meltzer le pregunta divertido:

- ¿Cómo es eso?

- Me comentó que sólo gracias a la política del New Deal de Roosevelt, iniciada hace tres años en el 32, se está recuperando la economía del país. Me habló de invertir en acciones, y no sé qué problema de los bancos. Y al final; toda aquella perorata fue para prometérmelo en el próximo mes. Mientras tanto, debo andar como

una pordiosera. No, si cuando yo lo digo; ¡deberían volver los tiempos de las hadas madrinas, o podrían inventar una máquina para hacer cumplir los deseos de la gente!

Meltzer recuerda haberse quedado alelado en ese momento, cuando Carol hizo mención de una máquina de los deseos.

En la terraza de su casa, Meltzer sigue concentrado en sus pensamientos.

"Ahí mismo me vino la inspiración. Me propuse fabricar una máquina de los Deseos; pero, por supuesto, no para toda la gente. Se la dedicaría a los arios; a la raza llamada a dominar el mundo, y de la cual yo soy un genuino representante..."

El profesor vuelve a entrar a la casa. Le viene en ese momento a la memoria la imagen de su padre, y su pensamiento vuela entonces a los momentos vividos junto a él.

"Como me recuerdo de mi padre... Él fue, durante toda su vida, fuente de inspiración para mis proyectos.

Realmente papá navegó con suerte. Después de haber llegado a Estados Unidos; gracias a sus conocimientos de economía, y a varias especulaciones financieras, amasó una gran fortuna. Con ello; fue suficiente para pagarle los estudios universitarios a mi hermana menor, y prosperar en los círculos del poder. Se alzó con un imperio financiero e industrial impresionante, y ello le abrió las puertas a la fama. Su muerte súbita nos privó de continuar el ascenso en la alta jerarquía de magnates norteamericanos.

Pero también su partida física tuvo otras consecuencias: no pudo continuar su labor secreta de servir a la Gran Patria Alemana. Allí, los nuevos aires de renovación traídos por Hitler; después de la vergüenza del Tratado de Versalles, habían hecho que el mundo temblara, y conociera la razón de ser de nuestra raza en la tierra."

Meltzer recuerda una conversación sostenida con su padre días antes de morir…

"- *Klauss, ven acá; necesito conversar contigo.*

Su padre siempre hablaba con él en su lengua natal.

- *Usted dirá, padre.*

- *Tú sabes que en nuestra Patria hace ya dos años tenemos el gobierno que necesitábamos. Hitler ha rescatado la dignidad y el orgullo de nuestra historia ancestral. Gracias a Dios, se está recuperando todo aquello que los malos alemanes habían perdido; firmando después de la guerra ese ominoso tratado, con el cual perdimos parte de las tierras donde nacieron tus abuelos, y por la que tantos tributos nos han hecho pagar.*

- *Hitler también está limpiando Alemania, como prometió, de todos aquellos que no merecen existir más que como esclavos; y le está devolviendo a la nación su grandeza y esplendor.*

Cuando hablaba de estos temas, la voz de su padre vibraba por el apasionamiento.

- *Pronto nos extenderá por el resto de Europa; y cuando la tengamos a nuestros pies, estará en condiciones de saltar hacia esta parte del mundo. Recuerda Klauss que, nuestro papel, consistirá en facilitar, por todos los medios, el avance de nuestras tropas; e ir creando aquí círculos de adeptos y de gente de confianza, que puedan trabajar en la sombra para garantizar el éxito de una guerra de conquista.*

- *Si padre; ya usted sabe que siempre seré fiel a nuestra Patria y a la superioridad de nuestra raza.*

- *Lo sé, pero creí prudente conversar de nuevo contigo; pues no quiero que malgastes tu tiempo y puedas olvidar tu deber.*

- *Para nada, padre. No se preocupe. Alemania y el Führer pueden contar conmigo como uno de sus hijos más fieles y adeptos.*

- *Me alegra sobremanera oír eso. Como recordarás, cuando llegamos a este país, hice muchos sacrificios para lograr hacer crecer el dinero asignado a nosotros por el partido. El Führer puede estar orgulloso de cómo la cantidad entregada, hoy ha crecido para formar un imperio financiero e industrial. Y recuerda que, gracias a él, hoy posees tu título académico. Yo siempre quise ver mi hijo como un hombre de ciencias, y dedicar su vida a engrandecer a Alemania; pero sin Hitler eso no hubiese sido posible. Por eso estás en deuda eterna con él.*

- *Eso no lo olvidaré jamás, padre.*

- *Pero me tienes preocupado. Si te permití casarte con Ann fue porque, aparte de ser blanca y rica; su padre tiene ideas coincidentes con las nuestras en cuanto a la pureza de las razas. Nada de negros ni razas inferiores. Incluso el consorcio, del cual él es presidente, es un importante suministrador de material para nuestra industria de guerra.*

- *Sigo sin entender a qué viene todo eso.*

- *Porque últimamente estas como alelado. Tus pensamientos están muy lejos de la realidad; e incluso, según palabras de tu propia esposa, quien conversó con tu madre y conmigo, no le estás prestando suficiente atención a ella y a tu pequeño hijo. Me comentó cómo, en ocasiones, permaneces mucho tiempo en el instituto de investigaciones donde su padre te incluyó; y que ahora estás haciendo unos arreglos en la casa para habilitar un local como laboratorio. ¿Qué te propones?*

- *Mire padre, si le digo lo que pretendo hacer me tomará por loco. Pero mis objetivos son obtener un equipo que, en manos de nuestro país, le ayudará en esa conquista del mundo de la cual usted me habla; y que le asegurará una victoria rotunda e irreversible.*

- Mucho me alegra escucharte decir esas palabras. La semilla sembrada ha dado sus frutos. Pensaba que estabas perdiendo tu tiempo en cosas banales. Y dime, ¿en qué consiste esa máquina?

- Ya le dije, padre, que me tomará por loco si se lo digo. Tenga usted fe; en cuanto la tenga, usted será el primero a quien se lo diré..."

En el laboratorio de su casa; el profesor está pensando.

"Pero mi padre murió a los pocos días de un ataque al corazón, y no pudo ver el final de mi obra. Posteriormente; junto a un grupo de científicos encargados del proyecto de la bomba atómica, fuimos internados en las recién creadas instalaciones de Oak Ridge. Y ello me retrasó la construcción del equipo; pues el prototipo había quedado aquí, en el ala derecha de mi casa en el laboratorio montado con ese fin. No obstante, los años pasados en la base no fueron infructuosos; pues los dediqué a retocar todos los planos y esquemas, que sirven de base teórica para la construcción de la máquina; y a recalcular todos los análisis. A mi regreso, sólo hube de ponerlos en práctica..."

En ese laboratorio, donde se encontraba ahora, Meltzer se vuelve. Dándole la espalda a la ventana, por la que momentos antes contemplara el paisaje, mira con arrobamiento el equipo que ocupa el centro de la habitación.

Meltzer piensa.

"Unos detalles más y estará terminada, y después ¡a probarla! Aquí está el fruto de más de trece años de desvelos y esfuerzos: "La Máquina de los Deseos".

CAPÍTULO 5.

En 1938, el científico alemán Otto Hahn hizo un anuncio de repercusión mundial: revela la posibilidad de la fisión nuclear; es decir, de la división de un núcleo atómico en dos fragmentos de tamaño similar. Tiempo después, este descubrimiento fue apoyado por otros colegas suyos como Lise Meitner y Otto Frisch.

El 29 de abril de 1939, Hahn fue invitado a pronunciar una conferencia en Washington, en la cual explicaría sobre la reacción en cadena para desencadenar la fisión de un átomo.

El mundo científico había deseado, durante mucho tiempo, encontrar una forma de energía alternativa al enorme gasto que significaban los hidrocarburos. No sólo se economizaba petróleo, sino se obtenía una energía limpia; la cual, bien controlada, podría significar la solución a múltiples problemas de la humanidad. Por eso, la conferencia de Hahn era tan esperada. Desde temprano, ya la sala estaba colmada. Todos los asientos están ocupados, y hay muchas personas de pie también.

El profesor Meltzer, quien a duras penas puede hacerse de un lugar en los palcos, pasea su vista por la sala y piensa.

"¡Dios mío! Las mayores eminencias del mundo de la Física; la Química y hasta las Matemáticas, ansían escuchar acerca del descubrimiento".

En ese momento, el científico Hahn hace su entrada en el salón. Es un hombre de unos cincuenta años. Hahn se coloca frente al micrófono colocado en el estrado. Meltzer mira su reloj en el momento cuando Otto Hahn comienza su alocución.

- Pido disculpas por llegar tarde. Me ha retenido en el hotel, una conversación telefónica con el padre de la ciencia atómica; el inigualable Albert Einstein…

Se escuchan algunos murmullos. Evidentemente Hahn había sido afectado por aquella charla, pues se le nota preocupado. Ajusta el micrófono. Se hace un absoluto silencio y Hahn comienza su explicación:

- Muy buenas a toda la comunidad científica estadounidense; y a quienes no forman parte de ella, mas se interesan en el tema.

Hahn habla pausadamente, y su inglés es bastante bueno. Pasea la vista por la sala, y continúa:

- Trataré de llevar a un lenguaje sencillo mi teoría; con el objetivo de que sea comprendida por los neófitos también presentes, como periodistas, hombres de negocios y militares…

Los aludidos se revuelven algo nerviosos en sus asientos. Meltzer sonríe y piensa:

"Evidentemente, el fuerte de nosotros las eminencias científicas no es la diplomacia; mas se le puede perdonar al profesor Hahn ese desliz, en aras de escuchar acerca de su descubrimiento".

Hahn hace como si no se hubiese dado cuenta. Se aclara la garganta y prosigue:

- Voy a tratar de esbozar, en un pequeño espacio de tiempo; algo que requiere de mucha paciencia para ser entendido y para ser llevado a cabo.

Se vuelve hacia la pared situada a sus espaldas. Hay una pizarra con una tiza, solicitadas previamente por él. Toma un puntero en la mano; la tiza, y empieza a trazar esquemas mientras explica:

- Todo átomo está compuesto de protones y neutrones en su núcleo, y lo rodean electrones en movimiento a su alrededor. La energía de enlace es aquella, con la cual las fuerzas nucleares mantienen ligados a los protones y los neutrones.

Vuelve a mirar hacia la sala brevemente y continúa:

- Si dividimos en dos el núcleo de un elemento pesado que ocupa una posición muy alta en la tabla de Mendeléiev, como es el caso del uranio; los núcleos resultantes son de menor peso, y están ligados con más fuerza, por lo que se libera energía. Esa energía liberada por la fisión es muy grande. Según mis cálculos; la división de un kilo de uranio 235, libera 18,7 millones de kilovatios hora en forma de calor.

Alguien en la sala tose, en medio de aquel silencio sepulcral. Hahn detiene momentáneamente su mano en la pizarra.

Meltzer piensa:

"¿Esa tos será para llamar la atención de Hahn, o se trata de una burla por considerar esas cifras como absurdas?"

Pero el profesor Hahn no se inmuta y prosigue:

- Pero si manipulamos el átomo, de manera que sea absorbido un neutrón por el núcleo del uranio 235; esta reacción libera 2,5 neutrones en los dos núcleos obtenidos. Estos neutrones provocaban rápidamente la fisión de varios núcleos más; con lo cual se liberan otros cuatro, o más neutrones adicionales.

Con ello se inician una serie de fisiones nucleares auto mantenidas; una llamada *"reacción en cadena"*, la cual lleva a la liberación continuada de energía nuclear.

El profesor Hahn sigue su explicación, mas no se escucha su voz. En la mayoría de los presentes hay expresiones de perplejidad o asombro. Muchos escuchan como si no entendieran. La posibilidad de este descubrimiento parece mentira. Meltzer piensa, y su cara tiene una expresión de asombro:

"Todos tratan de encontrarle algún error a esta teoría, pues nadie ha todavía intentado realizar semejante cosa en la práctica. Y, sin embargo; ¡qué sencillo es el procedimiento explicado por Hahn!

¡Las posibilidades se muestran más variadas de lo que me podía imaginar!

Hahn termina su explicación, y la sala continua en un silencio absoluto. El profesor Meltzer piensa.

"No se han quedado callados porque les resulte incomprensible; sino porque la posibilidad real de la obtención de esa energía, queda tan clara como el agua. Pero también son preocupantes sus consecuencias, si es mal encausada. De ahí la conversación de Hahn con Einstein" ...

CAPÍTULO 6.

Cuando Hitler fue informado acerca de la conferencia de Hahn, su orden fue perentoria: detener la fuga de información sobre ese tópico; clasificarla, y ponerla al servicio del tercer Reich. Ello desató una serie de sucesos, que terminaron con la suspensión inmediata de la exportación de uranio hacia el extranjero, y el nombramiento de una comisión para investigar la utilidad práctica de los descubrimientos científicos sobre la fisión nuclear. El resultado del trabajo fue el surgimiento en secreto del Programa *"Uranio"*, para aplicar el uso del átomo en armamento. ¡Alemania se preparaba para lanzarse a una guerra, nunca vista en los anales de la humanidad!

La conferencia de Hahn, así como la interrupción de las exportaciones del material radiactivo, llevaron a los Estados Unidos y a las otras potencias a sacar una conclusión como la de que dos más dos son cuatro: ¡Hitler se había enzarzado en una carrera, por la obtención de armas atómicas! Y ello ponía seriamente en peligro la paz mundial. Ya no sólo estaba la reclamación de territorios en el marco del *"Lebensraum"*, y sus discursos enfermizos sobre la supremacía de la raza aria; sino se preveía que el Führer iría seguramente mucho más allá: si obtenía un artefacto nuclear; podría chantajear a cualquier país, y doblegarlo con sus súper armas. ¡Se perfilaba un futuro, donde una tiranía mundial podía decidir sobre los destinos de toda la humanidad!

De acuerdo con los análisis realizados del poderío de la economía alemana, la suposición de los expertos era que los nazis serían capaces de obtener una bomba atómica en un plazo de dos a cuatro años, pues estaban empleando a sus mejores científicos en el proyecto. Y, de una manera u otra, las principales potencias se lanzaron a tratar de aventajar a los alemanes. Inglaterra había iniciado en 1940 sus investigaciones para el desarrollo de su arma atómica; mas envuelta como estaba en una guerra directa con Alemania, se retrasó más de lo adecuado.

Así fue como los especialistas del presidente norteamericano asesoraron también a Roosevelt, para iniciar de inmediato estos ensayos. Contaban con una gran cantidad de científicos emigrados, muchos escapados de las persecuciones de los nazis, por lo que sólo era cuestión de poner en marcha los mecanismos para financiar las investigaciones. Pero el presidente norteamericano fue más reticente; hasta también dar luz verde, en el 43, para avanzar en ese campo.

En medio de la guerra; lo más importante, para todos, era tratar de descubrir cómo iban avanzando los alemanes en su programa nuclear. Ello era vital; pero los servicios de inteligencia chocaban con un escollo: el propio secretismo del Proyecto *"Manhattan"* norteamericano (el cual era el más avanzado de los aliados).

Todo estaba tan compartimentado, que aun las diferentes ramas del ejército de Estados Unidos no se comunicaban ni se intercambiaban información al respecto. La inteligencia militar, especialmente la estadounidense, ignoraba por completo qué buscar, o sobre cuales aspectos de la energía atómica centrarse; siendo así incapaz de analizar correctamente los documentos caídos en sus manos, los cuales mostraban los progresos de Hitler. Aunque sí se sabía, por ejemplo, que uno de los principales elementos para obtener la energía atómica era el agua pesada; utilizada para controlar las reacciones donde se empleaba uranio como material de fisión.

Pero la lucha por la obtención de la bomba no tenía sólo como objetivo el lograrla primero que Alemania. Aunque Churchill, Stalin y Roosevelt se reunían en Yalta y Teherán, aquella unión era temporal; y más tarde o más temprano todos sabían que fracasaría. Demasiados intereses y esferas de influencia entrechocaban dentro de la alianza anti nazi, para poder ser duradera. Por eso; la carrera por lograr la supremacía de cada uno de ellos sobre los demás, era enfermiza también.

Muestra de ello fue la Operación *"Alsos"*; conducida por los ingleses y americanos. Cuando comenzó el viraje de la guerra y en la medida en que las tropas del bloque anti nazi iban ocupando territorios; fueron cayendo en sus manos las instalaciones de estudios atómicos, y varios científicos de renombre fueron hechos prisioneros.

Ellos podían ser utilizados por los aliados para apoyar sus proyectos, además de servirles para confirmar el alcance del plan hitleriano para la creación de una bomba atómica. Así se ideó un plan, cuyos propósitos aparentes eran reconducir las investigaciones del proyecto alemán de energía nuclear en beneficio de los aliados.

Para ello era importante recuperar los recursos dispersos; mas su principal objetivo era impedir que los soviéticos se hiciesen con el equipamiento, personal y productos relacionados con esas investigaciones. Para lograrlo, los británicos y norteamericanos se esmeraron en avanzar más rápidamente; para recobrar todo cuanto fuese abandonado por los alemanes, tras el fin de las acciones militares.

Se fueron enmendando los errores; y para el final de la guerra se creó un destacamento formado por trece militares, intérpretes incluidos, y seis científicos. Los miembros del equipo ya se habían familiarizado con los programas de investigación de Estados Unidos y Gran Bretaña, y desarrollaron métodos muy sutiles; siendo capaces de obtener la información necesaria sobre la energía atómica en las instalaciones capturadas, y en los interrogatorios llevados a cabo con los prisioneros alemanes. Las preguntas se hacían sobre los avances científicos y militares, de modo que se adquiriesen conocimientos sobre los progresos alemanes en cualquier campo, sin mostrar interés en ningún aspecto particular, con el fin de proteger el programa nuclear propio.

Gracias a este plan; se consiguió localizar y evacuar a buena parte del personal técnico implicado en las investigaciones alemanas, y se rescató numeroso equipamiento y documentación. Los principales jefes de la investigación germana (como Werner Heisenberg, Otto Hahn y Carl Friedrich von Weizsäcker) fueron capturados cuando intentaban escapar, y enviados a Farm Hall, en Inglaterra; donde estuvieron retenidos durante varios meses, como parte de otra operación que recibió el nombre de *"Épsilon"*. Sus conversaciones eran grabadas en secreto, y analizadas hasta en sus más mínimos detalles…

Pero Stalin no se quedaba atrás. Tenía un eficaz sistema de espionaje, el cual le demostró cómo cada uno de sus *"aliados"* se dedicaba en cuerpo y alma a tratar de aventajarlo. Los rusos tenían también su proyecto: la Operación *"Borodino"*, pues para todos estaba claro que, quien obtuviera la bomba, tendría la primacía en la guerra.

El principal problema para los soviéticos fue el acceso al uranio, ya que no existían yacimientos en toda la Unión. Se habían descubierto algunos en 1943, pero eran incapaces de proporcionar suficiente cantidad para las investigaciones. Conocedores de los avanzados experimentos nazis al respecto, y de la existencia de dicho material en territorio alemán; el jefe de la tenebrosa NKVD, Beria, propuso a Stalin conseguir el material allí, a medida que sus ejércitos empujaban más y más al oeste a las tropas de Hitler. El líder soviético estuvo de acuerdo, y dio luz verde a la operación.

Se estableció una carrera contra reloj, entre las grandes potencias, por ver quien ocupaba primero Berlín. Y las tropas de Zhukov, presionadas por su jefe, lograron lo que parecía una utopía: consiguieron la rendición de los principales ejércitos que defendían la capital del Tercer Reich, y avanzaron en un gran cerco sobre ella. Así fue como, durante la batalla por Berlín, uno de los principales objetivos de los soviéticos fue alcanzar la llamada *"Casa de los Virus"*; un edificio situado en el barrio de Dahlem, donde se llevaban a cabo las investigaciones del Proyecto *"Uranio"*. El sobrenombre del inmueble (oficialmente era un centro de Física), pretendía desalentar a los curiosos; dando a entender que en él se llevaban a cabo experimentos peligrosos, los cuales podían ser contagiosos para los seres humanos.

Y aunque los principales jefes del proyecto habían escapado con mucha documentación, sabiendo de la proximidad de las tropas soviéticas (habían sido capturados por los ingleses y estaban siendo utilizados para la operación *"Épsilon"*); algunos científicos habían permanecido en el lugar. A base de heroísmo, de combatir cuadra por cuadra y casa por casa; los destacamentos al mando del general Khrulev, se adelantaron y lograron ocupar tan codiciado lugar…

El general Khrulev, acompañado de su estado mayor, se dirige a la edificación. Es un hombre de unos cincuenta años. Viste su uniforme militar, y sobre él un sobretodo con sus grados, echado sobre los hombros. Los oficiales y mandos intermedios se cuadran al paso del general, el cual ni presta atención a los saludos.

Un teniente lo recibe en la entrada y hace el saludo reglamentario.

Khrulev le pregunta:

- ¿Es usted el traductor a cargo de hacer el contacto con los alemanes que han permanecido en el inmueble?

- Así es, camarada general.

- Condúzcame hacia ellos.

El grupo atraviesa varios pasillos, guiados por el teniente.

Al llegar a la amplia sala llena de aparatos científicos, donde se encuentran los investigadores; Khrulev observa con detenimiento todo, e indaga con el teniente traductor:

- ¿Ya usted preguntó cuáles de estos equipos pueden ser trasladados?

El hombre respondió de inmediato:

- Sí mi general. Todo ese instrumental es difícil de transportar sin dañarse. En principio sólo podremos llevar el uranio y el agua pesada.

Khrulev se queda pensativo y pregunta de nuevo:

- ¿Cuánto uranio se ha podido conseguir?

- Se obtuvieron 250 kilos de uranio metálico, 3 toneladas de óxido de uranio y 20 litros de agua pesada. Asimismo, hemos capturado bastante material con información; y dos de los científicos a cargo de las investigaciones, están entre las personas apresadas.

- ¿Quiénes son?

- Se nombran Peter Thiessen y Ludwig Bewilogua.

El teniente se los señala.

El general Khrulev se dirige a ellos, y el nombrado Thiessen se adelanta para hablarle. Es un hombre cercano a los sesenta. Mientras el científico habla, el intérprete va traduciendo sus palabras.

- General, soy miembro del Nationalsozialistische Deutsche Arbeiterpartei (Partido Nacional – Socialista Alemán de los Trabajadores); y desde hace varios años tengo contactos comunistas. Estamos dispuestos a colaborar con ustedes plenamente, si accede a cumplir tres puntos de un trato.

Khrulev se sonríe despectivamente, y lo mira con sorna.

- ¿Cómo es eso? ¿Somos los vencedores, y nos pretende poner exigencias?

- Para nada, general. Es sólo una garantía para poder trabajar mejor para su causa. No sólo nosotros; sino también otros científicos que están, de una forma u otra, vinculados al programa atómico de Hitler.

Khrulev pregunta curioso.

- ¿Y cuáles serían sus condiciones?

- Hay un grupo de físicos nucleares, todos de renombre, los cuales hicimos un pacto. Fue una proposición de que, quien primero se pusiera en contacto con ustedes, hablaría por el resto. Los objetivos del acuerdo son muy simples: evitar el saqueo de nuestros institutos; continuar nuestro trabajo con una interrupción mínima, y la promesa de no enjuiciarnos por actos políticos del pasado.

El oficial indaga con un tono de burla en la voz.

- ¿Y quiénes serían esos *"ardientes colaboradores"*?

- Manfred Von Ardenne, inventor de la televisión y del microscopio electrónico; Gustav Hertz, laureado con el Premio Nobel y director del Centro de Investigación en Siemens; Max Volmer, director en el Instituto de Física y Química en la Berlin Technische Hochschule; y quien le habla, Peter Adolf Thiessen, profesor en la Universidad Humboldt de Berlín y director del Kaiser-Wilhelm Institut.

El científico dice su nombre con orgullo en la voz. Después prosigue.

- Eso no excluye a otros muy importantes también, como el profesor Ludwig Bewilogua, aquí presente. Todos están trabajando en diferentes laboratorios dedicados al programa nuclear, los cuales le puedo mostrar.

Khrulev se queda pensativo.

"Aunque mis órdenes son trasladar para la URSS, todo lo concerniente al programa nuclear alemán; la perspectiva de una colaboración por parte de científicos renombrados, y de preservar

las instalaciones donde se llevan a cabo dichas investigaciones, se presenta como algo muy prometedor. Seguro que Beria aprobará esta decisión, mas no puedo tomarla yo solo".

El general le comenta a su traductor, señalando a los presentes en la sala:

- Dígales que todos están *"invitados"* ...

Y recalca la palabra con sorna.

- …a acompañarnos. Que recojan toda su documentación, material radiactivo y agua pesada, para su traslado hacia la Unión Soviética. Allí se tomará una decisión sobre esa propuesta de *"colaboración"*.

Volviéndose hacia Thiessen le dice:

- Y usted; mañana irá con un mayor nuestro, especialista químico, a buscar a los otros a quienes me nombró. Él supervisará si realmente esos otros laboratorios están en condiciones de ser utilizados; y en ese caso serán preservados de la destrucción. Él tiene potestad para emitir una carta de salvoconducto, con lo cual le serán respetadas sus vidas; bajo condición expresa de unirse a nuestras tropas.

- Ya verá que no le defraudaremos, general. El camarada Stalin puede contar con nuestro más incondicional apoyo, para su programa nuclear.

- Eso ya lo veremos. Mientras tanto…

Se vira hacia su ayudante y le dice:

- A recoger y, ¡en marcha! Nuestra misión era tomar esta instalación. El edificio quedará custodiado por otra dotación. Debemos estar cuanto antes en Moscú. Y transmita al alto mando los detalles de las cantidades conseguidas, de los documentos y del personal que nos acompañará.

El general, girando sobre sus talones; se dirige hacia la salida. Va fuertemente custodiado, y deja a sus hombres la preparación de la mudanza…

CAPÍTULO 7.

Aunque los Estados Unidos no habían entrado en ese entonces aún en la guerra; el presidente Franklin D. Roosevelt encargó desde 1941 a su amigo William Joseph Donovan, un veterano de la Primera Guerra Mundial, la creación del servicio de inteligencia de los Estados Unidos. Este se dedicó en cuerpo y alma a dicha tarea, y así logró interesar en ella a muchos de los oficiales de la *"vieja guardia"*. Estos hombres no estaban ya aptos para operaciones en el terreno militar; mas sí podían ser de utilidad en los análisis de eventos y situaciones, los cuales demandaran de una experiencia acumulada para sacar una conclusión adecuada.

Además de agrupar a oficiales con habilidades y experiencia, también se dieron un *"saltico"* por algunas universidades e institutos de investigación. Muchos jóvenes pasaron por múltiples evaluaciones psicológicas y test de personalidad, y comenzaron a brindar sus servicios en la naciente institución.

Así fue como se estableció la Oficina de Servicios Estratégicos, mediante una orden militar proveniente de Roosevelt el 13 de junio de 1942; considerando entre sus funciones, en un primer momento, recopilar y analizar información para el Estado Mayor Conjunto de los Estados Unidos, y realizar operaciones no asignadas a otras agencias.

Uno de los éxitos mayores de la OSS fue el reclutamiento de uno de los espías más importantes en la Segunda Guerra Mundial, el alemán Fritz Kolbe; así como también la compra, en 1944, de material soviético cifrado procedente de Finlandia. Lograron, además, la captación de múltiples espías alemanes y austriacos en territorio alemán.

Mas la OSS no sabía que, dentro del propio territorio de Estados Unidos, había varios *"agentes dormidos"*. Uno de los más connotados, trabajaba en sus propias narices…

El mismo día en que el profesor Meltzer daba los toques finales a su máquina en el laboratorio de su casa; el mundo recibió una noticia espeluznante: Una bomba atómica de 16 kilotones, el equivalente a 16 mil toneladas de TNT; ¡había sido lanzada a los 8 y 15 minutos, hora de Japón, contra la ciudad de Hiroshima!

Dependiendo de las condiciones meteorológicas, estaban como blancos las ciudades de Hiroshima; y en segundo lugar Kokura. Como objetivo alternativo había sido designada Nagasaki. Tres bombarderos B29 despegaron al mismo tiempo: el *"Great Artist"* con instrumentos científicos; el *"Necessary Evil"* que llevaba a los especialistas y el *"Enola Gay"* con la bomba.

El presidente Truman tenía preparada una declaración con el nombre de la ciudad en blanco; y dependiendo de la información de los aviones meteorológicos, llenaría el espacio.

Cuando determinaron la hora y el lugar del ataque, se la transmitieron al *"Augusta"*; un barco que navegaba en el Atlántico, bastante alejado de las costas estadounidenses, y donde se encontraba el presidente. Este recibió la información del lanzamiento cuando se iba a sentar a comer.

Y aunque los periódicos no eran muy prolijos en detalles, Meltzer sí los conocía. La bomba de Hiroshima estaba basada en el isótopo de uranio U-235, cuyo tratamiento se llevó a cabo en las instalaciones Oak Ridge; un lugar que, para la mayoría de los norteamericanos, no existía en el mapa. Como parte del proyecto *"Manhattan"*, Oak Ridge fue construido en 1943 por el Cuerpo de Ingenieros Militares de los Estados Unidos en menos de un año; en un terreno agrícola aislado, en las montañas al este del estado de Tennessee. Se convirtió en una ciudad secreta, que en el plazo de dos años albergó a más de 75,000 residentes.

El objetivo del proyecto *"Manhattan"* era adelantarse a Alemania en la producción de una bomba atómica. Para ello se definieron dos vertientes de trabajo: por un lado, había que separar el uranio; y por otra, producir el plutonio. Esa era la base en el desarrollo de un arma nuclear. Aunque las labores se dirigían por Oppenheimer desde la base militar de *"Los Álamos"*, la cual se consideraba la regente del proyecto; la parte práctica se llevó a cabo en varias instalaciones, codificadas como Y-12, X-10 y K-25 en Oak Ridge.

K-25 era una planta, diseñada para separar los isotopos de uranio por medio de difusión gaseosa. Y-12 se dedicó a la separación electromagnética del U-235; y X-10 era una planta de demostración, para producir plutonio a partir de uranio mediante bombardeo nuclear.

El profesor Meltzer se encuentra en el laboratorio de su casa. Sobre una mesa, está tirado un periódico, con la noticia del lanzamiento de la bomba.

Meltzer se queda pensativo. Y su mente comienza a recordar escenas de su vida, en las instalaciones donde realizó las investigaciones de la bomba…

"Me he ganado la reputación como científico, y he obtenido mis mayores éxitos, al frente de estas investigaciones. Y estoy muy orgulloso de ello; pues el mundo no sabe (desgraciadamente Oppenheimer y "Los Álamos" se llevan todos los lauros oficiales), que las bombas atómicas son mi creación, tanto en Oak Ridge como en Hanford Site…"

Este último sitio de Hanford Site, era otra extensión de terreno de más de 1,500 kilómetros cuadrados en el Condado de Benton, en el estado de Washington. Este fue establecido con el fin de proporcionar el plutonio necesario para el desarrollo de las armas nucleares, pero en este caso obtenido de forma sintética.

Pero lo que el mundo tampoco sabía era que, aunque trabajaba aparentemente dedicado por entero a servir a los Estados Unidos; en la práctica el científico Klauss Meltzer transmitía en secreto información, por diferentes canales y medios, a la Alemania hitleriana. Esperaba con ello ayudar a su país a obtener primero el arma nuclear.

Para mantener su puesto en las instalaciones norteamericanas, y tener acceso a tan delicada información, debía de hacer dejación de algunos principios; sobre todo vincularse con judíos y alemanes traidores. Pero todo ese sacrificio era por la causa, pues así le había sido orientado. Mucho antes de entrar en el proyecto *"Manhattan"*, cuando ya se perfilaba como un prometedor científico; un agente nazi había contactado al doctor en Física Klauss Meltzer, y lo había formado para trabajar como espía por la gloria del *"Reich de los Mil Años"* …

CAPÍTULO 8.

El ciudadano medio, al analizar el segundo conflicto bélico mundial, se lleva la idea de que este se decidió en los campos de batalla. Pero, sin menospreciar el peso llevado por las operaciones militares, una buena parte fue determinada por el trabajo encubierto de espías de todos los bandos. Y la carrera por la obtención del arma nuclear fue un ejemplo de ello.

Meltzer nunca había entendido por qué el Tercer Reich se había quedado rezagado en ello; pues sus informes cifrados, estaban destinados a colaborar en la obtención anticipada por Hitler de dicho artefacto. Pero un poco antes del final de la guerra, su agente de contacto en los Estados Unidos le había explicado que, según le comunicaban de Alemania, el científico principal a cargo de dichas investigaciones, Heisenberg; había errado en su cálculo de la cantidad necesaria de Uranio-235, y de la masa crítica para sostener la reacción.

Esa explicación parecía factible, mas no lógica; pues todas las informaciones enviadas eran bastante explicitas en cuanto a las cantidades a utilizar, y en los modos de trabajar el material radiactivo. Meltzer se rompía la cabeza pensando en ello; y llegó a pensar que todo podía deberse a un error de traducción, de la información codificada remitida por él a Hitler.

Su corazón le dio un vuelco al enterarse de que Heisenberg había sido capturado e internado, junto a otro grupo de científicos alemanes, en Farm Hall, Inglaterra, como parte de la operación nombrada *"Épsilon"*. Aquella estaba destinada a anticiparse a los rusos en la obtención del arma nuclear, para después someterlos y negociar con ellos desde posiciones de fuerza.

El agente de inteligencia nazi que lo atendía, le había informado acerca de aquella captura; y hasta le había hablado de las grabaciones ocultas hechas a las conversaciones de Werner Heisenberg con los otros prisioneros. Otro espía había recibido la tarea de averiguar, hasta qué punto se conocían, por parte de los aliados, los descubrimientos realizados. Así, el otro hombre había hecho contacto con un oficial de inteligencia británico el cual, en un bar con algunas copas de más; le había comentado acerca de aquellas cintas grabadas, las cuales eran de inapreciable valor. Se había logrado, en los últimos meses, conocer mucho más acerca de las investigaciones atómicas que en todos los años anteriores. Según él, Heisenberg *"...valía más que diez divisiones alemanas"* para el Secret Intelligence Service.

Y aunque a Meltzer lo complacía el hecho de ver que la alianza de americanos e ingleses con los comunistas rusos era sólo temporal, temía por su vida; pues Heisenberg bien podía haberse enterado quien era la fuente de información de Hitler y acusarlo. Mas ello no ocurrió; y entonces le dejó el sabor amargo de una gran realidad: O bien sus informaciones jamás se tuvieron en cuenta, o nunca habían llegado a Alemania.

Pero días después de la caída del Reichstag, en una visita de trabajo a *"Los Álamos"* se enteró de la verdadera razón. ¡Él no hubiera imaginado nunca que los principales científicos alemanes, dedicados a la tarea de crear la bomba para Hitler la boicoteaban! Efectivamente; Heisenberg y Max von Laue, quienes eran los receptores de sus informaciones, habían trabajado intencionalmente para retrasarla.

Desde 1938 Heisenberg había aceptado dirigir el intento nazi por obtener un arma atómica; empeñándose en construir un reactor nuclear, en el cual la reacción en cadena se llevara a cabo con tanta rapidez que produjera una explosión.

Cuando Meltzer llegó a *"Los Álamos"*, se encontró con Niels Bohr, un afamado físico danés. Éste estaba con ánimos de charlar; y le comentó, con lujo de detalles, como en septiembre de 1941; Heisenberg lo visitó en la ocupada Copenhague y se encontró con él. Y en un acto que solo podía ser calificado como traición; habló con Bohr sobre el proyecto de bomba atómica alemana, e incluso le hizo un dibujo de su reactor. Con ello había puesto su vida en peligro; pues si la Gestapo se hubiese enterado, lo habrían fusilado. Mas Heisenberg sabía de los contactos de Bohr fuera de la Europa invadida por los nazis; y le propuso un esfuerzo conjunto para retrasar la investigación nuclear por parte de los científicos de ambos bandos, hasta que la guerra acabara.

Él sabía que aquella información llegaría a su destino más tarde o más temprano.

Para evitar a la policía alemana, y arriesgándose a ser arrestado, Niels Bohr se marchó a Suecia en septiembre de 1943; desde donde viajó al mes siguiente a Londres, para finalmente dirigirse a Estados Unidos en diciembre. Y si bien Heisenberg había cumplido su parte en Alemania; Occidente no se sintió comprometido por esa promesa, y se lanzó a la carrera por la obtención del engendro atómico. Y Bohr también traicionó la confianza depositada en él por Heisenberg; pues participó en la construcción de aquellas primeras bombas atómicas, colaborando con Oppenheimer. Así fue cómo, precisamente por boca del propio Bohr, Meltzer se enteró de la doble moral de Heisenberg; y de su intencionada labor para evitar la obtención de la bomba.

Meltzer se estremeció al escuchar cómo Bohr le narraba aquel encuentro; y la rabia y la impotencia lo invadieron, al darse cuenta de cómo su Führer había sido traicionado por aquel investigador de pacotilla. Nuevamente lo invadió el desasosiego pues, con más razón ahora, Heisenberg podía en cualquier momento denunciarlo como espía hitleriano.

Sin embargo, Meltzer no podía sospechar que la razón para no haber sido identificado como informante nazi, radicaba en otra causa: el trabajo de su contacto había sido tan limpio, y su identidad había permanecido tan resguardada, que tan sólo el Führer y Himmler sabían de su existencia…"

CAPÍTULO 9.

La noticia de la detonación de la primera bomba atómica también fue recibida en el Kremlin, Y Stalin hizo llamar inmediatamente a Beria. Este estaba a cargo del proyecto *"Borodino"*; y, como tal, respondía ante él por ello…

Lavrenti Beria hace su entrada en el despacho. Al llegar, observa que Stalin tiene su rostro ensombrecido. Beria piensa.

"Uff, yo conozco los arranques del jefe, así que es preferible callar; y esperar pacientemente a que él hable..."

Stalin lo mira fijamente; y dice con su hablar pausado, que no auguraba nada bueno.

- Parece que los americanos nos han jugado una buena.

Y mira por la ventana hacia afuera, como reflexionando. Después continúa:

- No sólo han ganado en la carrera por la bomba atómica, sino también la han usado.

Se vuelve, y sus ojos son amenazadores. Beria, uno de los hombres más temidos en la URSS; tiembla al saberse en un hilo. Sabe que con Stalin nada es casual, y no se puede permitir ni el menor de los deslices. Si había caído en desgracia con el *"Jefe Supremo"*, puede que afuera de la oficina ya estuviesen preparados para entrar sus propios hombres de la NKVD. Si eso sucedía, no vería más la luz del sol…. Sólo atina a decir:

- Pero nosotros no la habíamos desarrollado hasta ahora por la falta de uranio, Iósif Visariónovich.

Trata de justificar la situación. Después continúa:

- Pero el material ya está en posesión del profesor Kurchátov; y muchos documentos traídos por Khrulev también, lo cual nos permitirá avanzar ahora más rápidamente.

Beria traga en seco. Bien sabía él que, si su jefe consideraba su trabajo incompetente; entre un Gulag en Siberia y la muerte, ¡era preferible esta última!

Stalin lo mira fijamente y agrega:

- De todos modos, me molesta que Truman se nos haya adelantado. En Potsdam me lanzó una velada advertencia sobre ello, pero no le creí. Mas ahora quiero saber, qué nos falta realmente para llegar a obtenerla.

Y lo mira con sus ojos de víbora lista para atacar.

Beria se limpia el sudor de su frente con la manga de la chaqueta. Sólo puede decir:

- Puede estar seguro, camarada Stalin, que eso será muy rápido; e irá por un camino seguro. Ya tenemos el uranio suficiente; y, además, los americanos no saben que muchas de sus investigaciones, en el Proyecto *"Manhattan"*, están en nuestras manos.

Stalin le pregunta con su habitual desconfianza.

- ¿Sí? ¿Cómo es eso?

Beria se sonríe malignamente para sus adentros. Ha dado en el clavo, logrando interesar a su jefe.

- Los hemos penetrado, Iósif Visariónovich, aunque parezca mentira. Tenemos a dos científicos, en el equipo de *"Los Álamos"*, quienes trabajan como espías nuestros: Klauss Fuchs y Theodore Hall. ¡Y lo mejor es que, ninguno de los dos, sospecha de la vinculación del otro para con nosotros!

Stalin respira profundo como para llenarse de paciencia y dice:

- Eso no es ninguna novedad, Beria. Fuchs trabaja pasándonos información desde 1941, cuando estaba en el proyecto atómico británico. Y en cuanto al otro, es de importancia secundaria en el equipo; ¿o me equivoco?

Y lo mira fijamente. Beria vuelve a tragar en seco.

- Así es, camarada Stalin.

Beria baja la cabeza, y piensa:

"¡Diablos! "El muy hijo de perra tiene memoria fotográfica, cuando se trata de detalles de importancia estratégica!"

- También están los científicos que se nos unieron en la *"Casa de los Virus"* de Berlín…

Intenta acotar Beria.

- ¡Eso no es suficiente! No podemos sólo basar nuestro proyecto en traidores a su causa. Además, ¡tú sabes lo detestables que son para mí los informantes!

Stalin se pasea por la estancia, y Beria lo deja hacer, y piensa.

"¡Rayos! Está con un humor de mil demonios, y así no se le puede interrumpir".

Con su pipa en la mano, el *"Generalísimo"* aspira una bocanada y luego acota:

- Quiero resultados pronto, y para ello debemos trabajar sobre algo más concreto. Sería muy bueno poder tener algún científico, de quienes realmente trabajaron y lograron la bomba americana.

Con su habitual parsimonia y su hablar pausado, Stalin mira a Beria de frente.

- Camarada Iósif Visariónovich, al analizar en detalle muchos de los documentos de la llamada *"Casa de los Virus"* de Berlín, nuestros especialistas consideran que pudo haber contacto con las investigaciones americanas. Aparentemente alguien de allá le estuvo pasando datos a Alemania, aunque no se ha determinado quién ni cómo. Los científicos prisioneros no conocen la fuente de origen de la misma, y sólo explican que esa información les llegaba directamente de la oficina de Himmler. Pero todos coinciden en que sus datos son reales, no falseados. Esa es una filtración de primera mano de la investigación norteamericana, lo cual significaría que podríamos evitar ese camino.

Stalin explota:

- ¡No nos ahorramos nada, Beria!

El rostro de Stalin manifiesta malestar, y sus ojos literalmente echan llamas por la indignación. Beria comprende que su comentario ha sido totalmente fuera de lugar, y reza para salir indemne del atolladero.

Stalin agrega:

- ¡Con más razón!¡Es esa fuente la que debemos buscar, pues le estaba nutriendo a Hitler con datos fidedignos! ¡No podemos estar perdiendo más el tiempo con todos esos investigadores de pacotilla, quienes te pueden estar dando cualquier información de segunda mano! Necesitamos un peje gordo, Beria; alguno de los responsables del proyecto.

- ¿Y qué propone exactamente?

La mente maligna de Beria vuela en milésimas de segundo, preparando ya el plan. Pero aparenta no saber de qué se trata; para, como siempre, darle a Stalin la satisfacción de ser el *"Creador"* del proyecto. Beria indaga, aunque casi está seguro de cuál sería la respuesta.

- Raptarlo y traerlo para acá. Tienes medios y hombres para ello. Pero, por supuesto, debe ser un trabajo limpio. No quiero a Truman de enemigo; al menos no por ahora…

CAPÍTULO 10.

En la habitación oval de la Casa Blanca, el reloj muestra más de las diez de la noche. Truman echa una última ojeada al documento que tiene delante y estampa su firma. Después cierra la carpeta y la coloca encima de otras situadas a su derecha, sobre el buró de roble ricamente ornamentado. Se queda mirándolos fijamente, y comienza a pensar:

"...La verdad es que no se me quita de la mente lo de la bomba. Evidentemente ha sido un buen paso...

Se sonríe y continúa:

"Ahora ya los rusos pueden irse quitando esos humos de la victoria. Quizás pensaban que lo de la alianza iba a durar, pero esto sólo fue un paso táctico. Nuestra estrategia es someterlos a ellos también; porque, quien da primero, da dos veces. Se van a tener que doblegar y restableceremos la democracia en esa zona del mundo. Aunque...no sé...me parece que, al comentárselo a Stalin en Potsdam, en nuestro último encuentro; juraría que no se sorprendió. Era como si ya lo supiera, y estuviese preparado para ello...

De él nunca se saben a ciencia cierta los detalles. Ha sabido rodearse de una cortina de humo, o de hierro; y esa impenetrabilidad nos desarma. Nuestros mejores espías no logran saber detalles. Todo es muy oscuro con él... Sí, quizás el muy zorro hasta ya la tenga, y nosotros creyendo que tenemos la primicia..."

Su expresión es preocupada, al revivir el momento en que se reunió con Stalin en Potsdam. En la conferencia estaban Stalin, Churchill y Truman, además de otros funcionarios de cada país.

La sesión ha sido intensa, pues las discusiones con respecto al destino de Europa son álgidas. La partición de Alemania está en el centro de mira; aunque otros temas claves, como los países ocupados y las esferas de influencia de uno u otro bando, también priman. Todos saben que las decisiones que allí sean tomadas; marcarán el destino del mundo, y abrirán una nueva página en la historia de la humanidad. Todos se levantan de sus asientos para estirar las piernas…

Churchill se acerca a Truman y le dice:

"- Dígaselo Truman, y yo me esconderé detrás de la cortina mientras hablan. ¡Quiero ver el miedo, en esos ojos grises de rata!"

Todos se dirigen a almorzar, y comparten conversaciones triviales durante la comida. Después de almuerzo, Truman llama a Stalin en un aparte, hacia un salón donde Churchill se ha escondido previamente. Sabiéndose observado por Churchill, le dice:

"- Generalísimo, quisiera informarle que tenemos en nuestras manos, con un poder destructivo no igualado hasta ahora, una nueva arma."

Stalin lo mira; y, después de encender su pipa sin ningún apuro, sólo se limita a decirle:

"- Gracias."

Detrás de la cortina, Churchill se queda de una pieza. Truman se le une y le dice:

"- Creo que fallamos. Me parece que lo esperaba…"

Pero ambos no ven lo que sigue. Stalin llama aparte a Gromíko, quien fungía como embajador de la Unión Soviética en los Estados Unidos, y le dice:

"- Llame ahora mismo a Moscú y hable con Beria. Debemos acelerar los trabajos de la operación "Borodino" …"

Truman se revuelve en su silla y continúa reflexionando:

"De todos modos, esto de la bomba ha sido un buen golpe. Claro que no hacía falta para ganarle la guerra a Japón. Ya la victoria estaba prácticamente de nuestro lado; pues los rusos cumplieron su

palabra al entrar en la contienda para apoyarnos, aun y cuando sus fronteras no estaban amenazadas directamente. Y nuestra flota es lo suficientemente poderosa como para acabar con esos nipones en poco tiempo. Pero el efecto psicológico de la bomba, según los asesores, va a desmoralizarlos más rápido; aparte de ser un mensaje a Stalin para que sepa a qué atenerse. Tiene demasiados humos con sus victorias.

Ahora empezaremos la guerra psicológica contra ellos. No conviene un enfrentamiento directo con su ejército en estos momentos. Están fuertes, y además han logrado levantar el apoyo del pueblo. Pero vamos a minarlos desde dentro. Es imposible que la gente se resista a nuestra propaganda y al temor de la bomba. Es sólo cuestión de tiempo…"

Se levanta y comienza a pasearse por la habitación.

"Y convendría por eso… no, no me parece lógico… ¿Y si lanzamos otra más contra Japón? ¡Acabaremos demostrando que tenemos todo un arsenal para quien no quiera acatar nuestros designios! -."

Se detiene y se pasa la mano por el pelo.

- *"No, no debemos… Pero; ¿por qué siento esa presión en la cabeza? ¡Es como si tuviera alguien dentro, inculcándome la idea de lanzarla! ¿Qué me pasa? ¿Me estará volviendo loco la obsesión de la bomba? No, no puede ser. Mejor me voy a acostar; he trabajado mucho. Pero antes… ¡Y de nuevo pienso en lanzarla! ¿Qué hago?… ¿Por qué me siento así? No, no puedo demostrar mano blanda; el mundo espera eso de mí… ¡Debemos lanzar la segunda bomba!"*

Su cara, a pesar del cansancio, refleja una sonrisa de triunfo.

Truman vuelve a su buró, toma la estilográfica y escribe…

CAPÍTULO 11.

El 9 de agosto de 1945, el mundo volvió a amanecer con la noticia de que una segunda bomba atómica había sido detonada sobre los cielos de la ciudad de Nagasaki. Esta vez el artefacto, conocido en clave como *"Fat man"*, era de plutonio. Y este era el mayor orgullo del doctor Meltzer.

Primero, por ser el proyecto al cual había dedicado seriamente sus investigaciones; pues consideraba que el uranio era más difícil de obtener, y veía la bomba de ese material como más primitiva. Si realmente se había empeñado en ella, era por mantener las investigaciones que, él suponía, complementaban a las que se llevaban a cabo por Heisenberg en Alemania.

La *"Fat Man"* utilizaba el isótopo de plutonio Pu-239; el cual se obtenía sintéticamente, pero era más complicado en cuanto a su sistema de detonación. Fue por ello que el primer ensayo atómico se hizo, precisamente, con un artefacto semejante a la bomba de Nagasaki. Ello ocurrió en el desierto de Alamogordo, en Nuevo México; el 16 de julio de 1945. El test se llamó *"Trinity"*, y el dispositivo detonado se denominó con el nombre en clave de *"Gadget"*. Y ello había sido el triunfo de la vertiente investigativa de Meltzer.

Pero había más por lo cual Klauss se sentía orgulloso. Truman había accedido a utilizar la primera bomba como método de disuasión, pero Meltzer sabía que no lanzaría la segunda hasta ver la reacción de Japón. El Emperador Hirohito, el gobierno y el Consejo de Guerra de ese país; estaban planteando cuatro condiciones para la rendición: preservar el kokutai o sistema imperial; dejar en manos del Estado Mayor la responsabilidad del desarme y desmovilización del ejército, la no ocupación del país, y permitir al gobierno japonés castigar los crímenes de guerra. Los nipones estaban presionando para que se aceptaran esas demandas, y así se rendirían. En caso de no llegarse a un acuerdo, se programaba la segunda bomba para el 11 de agosto.

Sin embargo; la noche del 8 el doctor Meltzer no soportó más. Su odio visceral por todas las personas que consideraba de raza inferior se había acrecentado aún más con los años de guerra, y puso en funcionamiento su máquina. Su pensamiento se dirigió hacia el presidente Truman, quien se encontraba en ese instante en su despacho sin él saberlo, y le ordenó que la segunda bomba atómica fuese lanzada al día siguiente…

CAPÍTULO 12.

Son las seis de la mañana; mas en el pintoresco hotel Edén, ubicado en la pequeña localidad argentina de La Falda, hay mucha actividad. Sus propietarios, los Eichhorn, se esmeran en dar a su instalación un servicio de óptimo confort y calidad; por lo cual es muy solicitado, y rara vez tienen habitaciones disponibles.

El propietario, el señor Eichhorn; recibe, con una sonrisa, a un caballero que hace su entrada al lobby con un maletín de mano. Ambos son de unos cincuenta años. El recién llegado viste muy elegante y tiene maneras refinadas.

- Buenos días, señor Petroni.

Se dirige a él en alemán. Después le pregunta:

- ¿Cómo le fue el viaje?

- Muy bien.

El recién llegado responde en el mismo idioma, aunque con un ligero acento extranjero.

- Voy subir a refrescarme y después bajo a desayunar.

- Usted sabe que nosotros estamos enteramente a su servicio, señor.

- Yo lo sé, mi querido amigo.

Le pone una mano en el hombro y agrega:

- Usted es uno de los pocos, en este país, en quien se puede confiar.

Petroni se despide y sube las escaleras. Camina por los pasillos, hasta acercarse a una de las habitaciones del piso superior. Da un toque acordado; y la puerta se abre discretamente, dejándolo pasar.

Uno de dos fornidos gemelos alemanes cierra la puerta; mientras su hermano, quien había llevado su mano hacia un puñal disimulado en su cintura, se relaja al ver un rostro conocido.

Petroni entra y se quita su gabán, colgándolo en una percha junto a la puerta. Los dos gemelos, se sientan y continúan jugando inocentemente a las cartas.

Petroni pasa a la habitación interior, donde el dictador Adolfo Hitler está sentado a una mesa, reunido con el archiconocido Heinrich *"Gestapo"* Müller.

Al llegar Petroni; ambos nazis estaban analizando los últimos acontecimientos de la situación internacional…

Hitler.

- Así que el fanfarrón de Truman está jugando a ser Dios. Ya van dos bombas, empleadas evidentemente para negociar con Japón desde posiciones de fuerza.

Müller responde.

- Sí, mi Führer. Los americanos se han adelantado a los rusos. Stalin debe tener los hígados revueltos.

- ¡Cómo los tengo yo!

Grita levantándose de la silla, y dando un puñetazo en la mesa. Después agrega:

- ¡No puedo olvidar a todos esos científicos traidores, que están ahora prisioneros de los ingleses y de los rusos!

- Todavía no hemos podido confirmar su traición, mi Führer; aunque es casi seguro que alguno haya realmente pasado información al enemigo.

Hitler vuelve a exasperarse.

- ¡O lo que es peor!¡A lo mejor desde mucho antes ya estaban conspirando! ¡Estoy seguro que algunos de ellos hicieron lo posible por retrasar intencionalmente nuestras investigaciones! ¡Yo voy a ver qué tú estabas haciendo en tu puesto de jefe de la Gestapo!

Müller traga en seco, y piensa:

"¡Diablos, está con un humor de mil demonios! Deja ver cómo salgo de esta; pues, aunque no estamos en condiciones de aplicar soluciones drasticas, con Hitler nunca se sabe. Muy bien puede

darme un tiro aquí mismo, u ordenarle a los gemelos que me liquiden..."

Despues agrega en alta voz, tratando de parecer convincente.

- Por eso le digo, mi Fuhrer, que no ha habido tal traicion. Yo le aseguro que esos cientificos estaban siendo vigilados a cada paso.

Hitler lo mira fijamente y agrega, un poco más calmado:

- ¡Pero me molesta todo el esfuerzo y recursos empleados para nada! ¡No pude tener la bomba! ¡Y ahora debo esconderme en este hotel, a la espera de tiempos mejores!

Müller acota.

- No lo vea así, mi Führer. Debemos alegrarnos, de haber escapado sin problemas de la caída de su régimen. ¡Menos mal que yo lo tenía todo preparado!

Hitler lo mira extrañamente; y previendo otro exabrupto, Petroni se apresura a intervenir:

- Usted disculpe mi interrupción, pero no he podido evitar escuchar esta última parte de su conversación. Recuerde que aguas pasadas no mueven molinos, mi Führer. Mi trabajo en la sombra, como asesor del difunto Mussolini; me ha dado la experiencia para comprender que se sacan conclusiones de los errores y derrotas, no se hacen lamentaciones.

Hitler se vuelve hacia él y le dice, en un tono que no se sabe si es un elogio o un reproche:

- Su alemán realmente es limpio; prácticamente sin acento, a pesar de su origen italiano.

Petroni se sonríe.

- No por gusto Müller me contactó, días después de la caída del régimen italiano. Soy un hombre culto, mi Führer. Me precio de hablar bien varios idiomas, incluido el yiddish; el cual le puede parecer odioso por ser el de nuestros enemigos los judíos.

El Führer lo mira serio, pero Petroni ni se molesta en considerarlo y agrega:

- Y mi trabajo en la sombra para Mussolini fue tan perfecto, y mi tapadera como hombre de negocios es tan buena; que no va a arrepentirse de ello. Estoy listo para realizar las mismas funciones para usted y nuestra causa.

El italiano continúa imperturbable.

- Y hablando de aguas; si mal no recuerdo, los aliados se empeñaron a conciencia en destruir todas vuestras instalaciones; donde se procesaba el agua pesada, necesaria para la fabricación de la bomba. Recuerde el sabotaje a la fábrica situada en Telemark, Noruega. Era la más importante de Europa. He leído que llegaron incluso a organizar un comando, con la misión de hundir el último cargamento de agua pesada que había escapado a la destrucción del bombardeo. Así que no podemos achacar toda la culpa a los científicos, si no obtuvimos la bomba. No ganamos nada con lamentarnos por ello. Es mejor dirigir nuestros esfuerzos hacia la consecución de otros objetivos.

Hitler lo observa; y Petroni le sostiene la mirada, pero no en tono desafiante. Más bien como cuando un padre habla con un hijo y le pide: *"Déjate llevar por mí, que con mis consejos vas a llegar muy lejos"*.

Increíblemente la parsimonia de Petroni, la seguridad en su voz, y su personalidad; la cual emanaba una firmeza de espíritu y una convicción extraordinarias, tuvieron el efecto de calmar el ambiente. Hitler le responde un poco más sosegado.

- Petroni; esas acciones son la prueba de cómo nuestros enemigos estaban bien orientados, y sabían hacia dónde dirigir sus objetivos. Una vez más corrobora el nivel de información que poseían, pero está bien. Su filosofía me hace pensar de manera diferente. ¡Lástima que no estuviese a mi lado antes!

- Mis años de servicio fueron siempre al lado del *"Duce"*; y ya le he dicho que, si él hubiese hecho caso de mis consejos, hoy estaría entre los vivos.

Müller lo mira, y piensa para sí:

"Me parece demasiado petulante para mi gusto; pero si la decisión de Hitler ha sido tomar a Petroni como consejero, yo no soy quien para señalárselo. Además; en estos momentos de debacle, debemos aunar esfuerzos y no crear divisionismo".

Hitler prosigue más calmado:

- Pero esta política de Truman tiene dos vertientes. Además de presionar a los nipones; se va a enfrascar en someter a los rusos a sus dictados, y eso me gusta. Está bueno ya de soportar la prepotencia y el orgullo de Stalin. Por otra parte, los americanos continuarán las investigaciones nucleares para perfeccionarlas. Y he ahí donde quiero que actuemos.

Petroni y Müller se miran; y este último pregunta con discreción:

- ¿No le parece algo anticipado y arriesgado, mi Führer? No creo que estemos en condiciones para realizar ninguna acción. Estamos escondidos en medio de la nada; y sin posibilidades de movernos, so pena de ser reconocidos.

- Por eso no quería irme de la hacienda del conde de Luxburg. ¡Aquí me siento encerrado como un gorrión en su jaula!

Petroni intercede para apoyar a Müller.

- Sin embargo, le recuerdo que los enemigos están siempre al acecho. No podía arriesgarse a permanecer en un lugar donde podía ser detectado.

- Pero; ¿cómo puedes pensar que me pudieran localizar, en un búnker bajo tierra con una puerta secreta? ¡La estancia del Conde de

Luxburg está ubicada a doscientos ochenta kilómetros de Buenos Aires!

- Porque, aunque tiene un excelente sistema de luces como clave para abrir la puerta; el trasiego importante de vehículos en distintos momentos del año, desde y hacia la estancia, ha atraído las miradas de los curiosos. Se ha comentado de ello incluso hasta en la prensa. Y no podemos arriesgarnos. He regresado de allá ahora, como usted me orientó; y he supervisado el desmantelamiento de las instalaciones. Le informo que varios de nuestros informantes, confirman los rumores y comentarios acerca de la hacienda. Le repito que es mejor no correr riesgos.

Hitler pregunta dudando.

- Pero; ¿cuánto pueden haber averiguado?

- Mucho. Se habla, incluso, de que usted residía allí con dos dobles, y dirigía un enorme programa de construcción de armas sofisticadas. De hecho, me han dado hasta los detalles de cómo la puerta de entrada estaba oculta, orientada al oeste; y de cómo se accedía a ella, por medio del sistema de luces utilizado como clave.

El Führer vuelve a exasperarse.

- ¡Eso debe haber sido obra de un soplón! Cómo sea Luxburg…

Sus ojos llamean, indicando el sentimiento de venganza hacia un traidor.

Müller intercede por el Conde.

- No sea injusto con el conde, mi Führer. Gracias a la previsión del conde es que estamos aquí. Si no me equivoco fue idea de él, mientras estuvo como embajador en este país; el ir creando en el continente pequeños focos de espías *"dormidos"*, para *"despertarlos"* cuando fuera necesario.

- Sí. Recuerdo muy bien cuando me hizo la propuesta. En aquel momento no nos podíamos imaginar el curso que tomarían después los acontecimientos. Con casi toda Europa a mis pies, era difícil pensar en un viraje desfavorable. Realmente fue previsor, y sentó las bases para las misiones futuras.

Petroni agrega.

- Y es su amigo personal, e incondicional a su ideología. La finca y sus moradores continuarán dando una imagen de gente inocente, y quien sabe si más adelante los podamos volver a utilizar. En cuanto a cómo puede haberse sabido esa información, creo que nuestro amigo Müller puede *"desbrozar"* ese camino posteriormente, limpiándolo de la *"mala hierba"* que pueda haber surgido.

El italiano subraya con ironía, las palabras referentes al vocabulario de jardinería.

El aludido expresa malignamente.

- Ya estoy trabajando en ello, y el traidor pagará caro su indiscreción. Y estoy de acuerdo con Petroni, señor. No sea muy severo con el conde. No tenemos muchos colaboradores tan buenos como él. Y, mientras tanto, debemos estar tranquilos aquí, para evitar más situaciones de emergencia.

Petroni lo apoya.

- Así es Führer. Debemos esperar hasta que yo haga las gestiones pertinentes para cambiarle la personalidad, y así tendremos libertad de acción.

Hitler se levanta y, sonriendo, comienza a caminar con su andar acostumbrado. Los otros lo miran y lo dejan hacer. Bien saben que no se le puede contradecir ni interrumpir en sus reflexiones.

Hitler se detiene y mira a su acolito:

- Müller, despúes de acordar en abril que me prepararas una vía de escape; desapareciste de Berlín y nadie más te ha visto. Y todos los rumores hablan de tu muerte.

Sin saber a dónde quiere llegar, Müller le dice:

- Como de la suya, mi Führer. Sin embargo, los informes de inteligencia que poseo, me dicen que tanto Stalin como Truman no se han tragado esa mentira. Incluso, en la Conferencia de Potsdam, colocaron su nombre entre los buscados por la justicia internacional para someterlo a juicio.

- ¡Bah, naderías! Con el tiempo se olvidarán de ello, pues nosotros nos encargaremos de ocuparles su tiempo en otras cosas.

Sonríe nuevamente.

- Pero debemos comenzar a trabajar. Ustedes viajarán a los Estados Unidos; ese sería el último lugar en donde alguien pensaría en localizarlos, y donde no creo que puedan reconocerlos.

Los otros se miran nuevamente, pensando a dónde quería llegar su líder.

- Ustedes deben ocuparse, discretamente por supuesto; de contactar a un científico de origen alemán, quien es realmente el creador de los artefactos nucleares. Es el único en quien puedo confiar, pues la vida me demostró que sus aseveraciones fueron ciertas.

Petroni pregunta.

- Y… ¿con qué objetivo mi Führer?

- Usted sabe, Petroni, que yo tengo mi *"Shangri – la"* en otra parte del planeta. Ese ha sido el secreto mejor guardado de toda mi vida. El imbécil del almirante Dönitz, quien transportó los materiales y el personal necesario, con su flota de submarinos, para su construcción; le llamó así una vez públicamente en 1943. Ahora está preso a la espera de juicio; y lo han estado presionando para obligarlo a hablar y decir dónde está ese refugio. Ha debido retractarse, por supuesto; so pena de traicionarme, y él sabe que eso no puede hacerlo…

La mirada de Hitler, se torna tenebrosa.

El Führer prosigue, recuperando su aplomo:

- Pues bien; allí, en ese refugio, hay muchos otros científicos e instalaciones relocalizados y trabajando. Pero ellos no saben todos los secretos nucleares. Por eso, necesito contacten a ese hombre nuestro en América. Él viajará hacia mi refugio; para recomenzar, lo antes posible, con nuestro programa nuclear…

CAPÍTULO 13.

William Donovan, jefe de la Oficina de Servicios Estratégicos de los Estado Unidos, más conocida por sus siglas en ingles OSS, se encuentra en su despacho a la hora de la cena. Se le había hecho tarde analizando un informe; pero ya se prepara para partir, cuando su ayudante le comunica la llegada de un visitante inesperado…

Donovan se levanta sonriente, cuando el ayudante abre la puerta para dejar pasar al invitado. Se adelanta para abrazar a quien considera, no sólo su mentor, sino el padre de los servicios de inteligencia de todos los países occidentales: Sir William Stephenson. Éste, sonriente también, le responde con igual profusión de gestos.

- Mi querido William; no había tenido oportunidad de saludarte y felicitarte después de tu nombramiento como Lord.

- No importa *"Wild Bill"*. Bien sabes que no soy dado a semejantes loas. Digamos que fue una lisonja empleada por Churchill, para tenerme más comprometido.

- ¡No seas modesto! Todos sabemos que no recibes nada del gobierno; y sufragas cuanto gasto se produce por tu actividad, que no es poca. La reciente victoria en la guerra contra Alemania, se debe en gran parte a ti, William.

- ¡Bah! Es mi deber para con el mundo libre. Yo soy sólo una gota de agua en el inmenso océano.

- Nada más lejos de la verdad, amigo mío. ¿Recuerdas cómo nos conocimos? Al iniciarse la guerra contra Alemania en 1940, Churchill te envió acá para establecerte de forma encubierta. En ese entonces comenzamos a fomentar nuestra amistad, y buen trabajo me costó darme cuenta de tu labor.

Stephenson se sonríe y acepta con un movimiento de cabeza:

- Así empezó mi trabajo de inteligencia. Comencé la Coordinación de la Seguridad Británica en la ciudad de Nueva York.

- Sí; en su primera sede en la habitación 3603 del Rockefeller Center.

Los dos permanecen de pie en su conversación.

- Y esa oficina era una gran fachada, tras la cual yo representaba a las agencias de la inteligencia británica. Y de ahí fui extendiendo mi trabajo, para entrenar a los demás servicios de nuestros aliados.

- Sí que te debemos mucho, mi querido amigo. Durante la guerra, cuando los decodificadores británicos de Bletchley Park trataban de penetrar el secreto de las claves alemanas de la súper máquina *"Enigma"*; tú eras uno de los pocos autorizados a ver las transcripciones en bruto de las mismas. Y me han contado que, en más de una ocasión, diste sugerencias para ayudar a destrabar la madeja.

Stephenson sonríe. Donovan le indica un asiento; y mientras Stephenson se acomoda, Donovan sirve un buen vaso de whisky para cada uno. Coloca la botella entre ambos, y se sienta en su butaca detrás del buró.

- Así que, mi querido Stephenson, sin querer te has convertido en un ícono para todos los servicios secretos occidentales. No creo que el honor dispensado a tu persona sea, ni no merecido, ni excesivo. Por eso, ¡brindemos a tu salud!

Ambos entrechocan sus vasos; y después de apurar su contenido, Donovan continúa:

- Yo mismo soy un ejemplo de tu altruismo. Me he formado en las instalaciones del llamado Campamento *"X"*, situado en Whitby, Ontario. Aquí fundaste la primera escuela de entrenamiento para operaciones clandestinas; donde se han adiestrado miles de espías americanos, canadienses y británicos entre 1941 y 1945. ¡Y todo sufragado con tus ingresos personales!

Stephenson sonríe a su amigo y le comenta:

- ¿Sabes qué fue lo más difícil? Instalar el transmisor de 10 kilovatios que compré a la emisora de radio WCAU de Filadelfia. Al principio nadie entendía la importancia de este equipo, y muchos me tildaron de loco. Ese fue el origen de ese Campamento *"X"* en un inicio.

- Así son las cosas. Pero la importancia de esta estación, ahora conocida entre los aliados con el nombre de *"Hidra"*; fue creciendo hasta el punto de que, ya al final de la guerra, emitía la mayoría del tráfico secreto de inteligencia a través del Atlántico.

- Y debido a ello, es que Churchill ha confiado plenamente en mí para decidir qué información militar se les facilita a los gobiernos de Estados Unidos y Canadá. Y es por eso que he venido a verte.

Stephenson se bebe otro trago. Donovan mira extrañado a su amigo y le pregunta:

- Y, ¿a qué debo entonces el honor de tu visita? ¡Yo sabía que no habías venido sólo para saludarme!

- Como sabrás, hemos capturado algunos de los científicos alemanes que trabajaban en el proyecto *"Uranio"*. Y en el transcurso de las investigaciones realizadas, y a través de las conversaciones escuchadas; nos hemos percatado de que dentro del equipo de trabajo de tu bomba hay un topo.

- ¡¿Cómo dices?!

Donovan, abre los ojos con asombro.

- Como lo oyes. El propio Heisenberg da a entender que, de la oficina de Hitler o de Himmler, se le enviaban informes sobre determinadas maneras de trabajar con el uranio. Y ninguno de esos dos sabía nada de minerales radiactivos y bombas atómicas, que yo sepa.

Y se sonríe.

Donovan le riposta:

- Pero eso no significa la presencia de un informante. Recuerda que hemos descubierto varias fábricas localizadas bajo tierra en el Carso checo, todas ellas bajo la supervisión de Speer. Allí llevaban a cabo los estudios del cohete V1 y V2. Bien pueden haber tenido algún grupo secreto en otra parte, haciendo investigaciones paralelas a las de Heisenberg y la *"Casa de los Virus"*.

- Esa pudiera ser una explicación, y ojalá fuera cierta; pero estos datos los da Heisenberg como fidedignos, y he analizado que se ajustan a los patrones de cómo hacían ustedes las cosas aquí. Mi olfato no me engaña. Él no puede haber deducido la manera de ustedes trabajar. Eso no es casual, si consideras correctamente los hechos. Tienes uno al menos, que les puede haber pasado información sobre las investigaciones.

- Y de ellas se han nutrido todos, tanto alemanes como rusos.

Donovan se rasca la cabeza en señal de confusión, y prosigue:

- Porque al capturar nuestros *"aliados rusos"* ...

Y subraya con ironía la frase.

- ...la *"Casa de los Virus"*, se apoderaron de toda esa documentación.

- Tienes una tarea titánica por delante, que sería determinar la identidad del informante. Ya sabes cómo actuar en estos casos.

- Sí. Pero eso sería buscar una aguja en un pajar.

Dice Donovan pensativo.

- Comienza por los de más arriba, aunque no precisamente Oppenheimer, Fermi o Teller. Todos los *"Grandes"* de *"Los Álamos"* son más confiables. Es preferible intentarlo con otros mandos más propicios a ser comprados o chantajeados. Habla con Truman para que te autorice a pasarles información falseada, y así puedes detectar la fuga. Yo no tengo acción sobre él como tenía sobre Roosevelt, pero seguro sabrá entender. Así podremos saber quién es el topo.

- De todos modos, ¿para qué nos sirve ahora averiguarlo, si Alemania fue derrotada? ¿Quién sería el receptor de la información? Sólo Stalin.

- De eso nada.

Le dice Stephenson, apurando su vaso y levantándose para despedirse y continúa:

- Estoy casi seguro de que el Führer de toda Alemania también está escondido, ¡y reservándonos muchas sorpresas!

CAPÍTULO 14.

Iván Petróvich Zajarov se despertó en su camarote y se desperezó. El largo viaje desde Moscú hasta Estados Unidos lo había cansado, pero recordó lo importante de su misión, y decidió prepararse para descender del buque en cuanto atracara. Ya debía faltar poco para llegar a América; donde debía dirigir un equipo especial, el cual tenía una misión muy importante encomendada por el alto mando soviético: raptar a uno de los principales científicos, encargados de la construcción de la bomba atómica estadounidense.

Durante la entrevista personal sostenida con Beria, este le había hecho hincapié en las características de la tarea; dejando bien claro que, de caer en manos enemigas, ello los dejaba automáticamente sin la protección del estado soviético. Nunca podrían reconocer haber sido enviados en una misión oficial, y mucho menos esperar apoyo en caso de fracasar. Y, por supuesto, un desliz debía conducir irremediablemente a la muerte. No podía quedar ninguna huella de documentos, planes ni nombres. Y quienes se pondrían bajo su mando, todos hombres probados con muchos años como *"espías dormidos"* en territorio norteamericano, sabían que no podía haber misericordia. Estaban preparados para asesinar a quien del grupo se mostrara débil o fallara, y para auto inmolarse en caso de error…"

Zajarov se cambia de ropa para salir a cubierta, mientras el buque se prepara para el atraque en el puerto de Nueva York.

Después de su entrevista en Moscú con Beria; Iván había regresado hacia Inglaterra, donde residía desde hacía años con una fachada de respetable hombre de negocios británico. Y antes de tomar pasaje en un barco hacia América del Sur, había efectuado un periplo por algunos países del continente.

El objetivo de este circuito había sido el de sacudirse cualquier *"cola"* que pudiera habérsele *"pegado"*; o sea, librarse de algún chequeo enemigo. Ello lo hizo, teniendo como pretexto sus contactos comerciales con algunas de las empresas de las naciones europeas recién salidas de la guerra. Entró en territorio británico a última hora, con el tiempo justo para reservar pasaje en el buque; y partió hacia Argentina. Todo era, nuevamente, una maniobra para detectar algún control que se le hubiese puesto.

Zajarov había sido captado por los servicios secretos soviéticos desde muy temprana edad, siendo casi un niño; cuando, en un altercado con un compañero en el hospicio donde vivía, casi había acabado con la vida del niño. Había dado muestras de su fiereza y de su inmutabilidad ante el sufrimiento humano, y ello había sido altamente valorado al hacer un análisis de su personalidad por los psicólogos de los servicios de seguridad. Su magnífica preparación física, y su estalinismo incondicional, le valieron el clasificar como *"agente especial"*; al final de su entrenamiento en la escuela de la NKVD, la heredera de la *"Cheká"*. O sea, se convertía en asesino político en nombre de los ideales comunistas; porque para la alta dirigencia soviética, no constituía un problema ético el enviar agentes a cumplir este tipo de misiones.

La más sonada de las *"ejecuciones políticas"* de Stalin había sido la de Trotsky; la cual había quedado públicamente como un problema personal entre su asesino, Ramón Mercader, y el enemigo político número uno de Stalin. Nadie había podido asociar al líder soviético con este crimen; y por ello su autor había sido ascendido al grado de coronel, y condecorado en secreto con la orden de Lenin y la medalla de Héroe de la Unión Soviética, mientras permanecía en la prisión mexicana donde cumplía su condena.

En su entrenamiento para estas funciones, Zajarov había tenido a dos importantes maestros; Nahum Isaákovich Eitingon y Vittorio Vidali. Ambos estaban considerados como los principales organizadores a nivel mundial del terrorismo de estado de Stalin, y Zajarov se había mostrado como su alumno más eficiente. De *"Kótov"* (el alias de Eitingon como agente de la NKVD), había aprendido todas las técnicas de enmascaramiento y cambios de personalidad para la evasión de chequeo enemigo; así como la sangre fría al planear y ejecutar las más complejas tareas. Vidali, quien era el matón por excelencia para los trabajos más sucios de Stalin, le había adiestrado con las más disimiles armas; y en los entrenamientos de supervivencia lo había llevado hasta el límite de sus fuerzas. Pero Zajarov no cejaba; y su resistencia física y puntería resultaban envidiables hasta para su guía.

Se graduó con honores, y adoptó el alias *"Tolia"* como nombre de guerra. Su perfección en el dominio de la lengua inglesa, lo había catapultado a trabajar en ese país; con una imagen de hombre de negocios fabricada en las oficinas de la NKVD. Y como muestra de la confianza que se le tenía; sus maestros habían recurrido a él, en varias ocasiones, solicitando su ayuda en la preparación de algunas *"tareas"*.

En su haber estaba el plan de asesinato de Trotsky; pues si bien el brazo ejecutor había sido Ramón Mercader, el autor intelectual había sido *"Tolia"* como planificador de dicho crimen. *"Kótov"* se había apoderado de la idea, y se la había presentado como propia a su jefe. Y a *"Tolia"* poco le importaba defender la autoría de su plan; pues su orgullo radicaba, precisamente, en ser incondicional y no estar permeado de ningún sentimiento de ambición personal. Agradecía al estado soviético la educación recibida, y el haberlo encumbrado a esferas insospechadas por él. Tenía mucho dinero a su disposición, y una posición envidiable en un país capitalista desarrollado; y ello bastaba para acudir al llamado de la Patria sin titubeos.

Vidali, desde su imagen de comunista italiano y estalinista absoluto, había participado en la eliminación de varias figuras que, si bien no poseían la envergadura política de Trotsky, se perfilaban dentro del movimiento comunista internacional como demasiado independientes. El poseer criterio propio, y diferir de los dogmas estalinistas, era considerado ser enemigo del líder soviético y pro – trotskista. Uno de ellos había sido el cubano Julio Antonio Mella, y el otro el dirigente catalán Andreu Nin. Y en ambos casos el trabajo de mesa; es decir, las ideas para llegar hasta ellos, penetrarlos ganándose su confianza y después eliminarlos, habían sido obra de *"Tolia"* …

La nave termina las maniobras, y los pasajeros se preparan para descender. Zajarov toma la maleta y sale al pasillo. Lleva muy poco equipaje, con el objetivo de pasar rápido los trámites aduanales. Debe ponerse en contacto con su *"célula"* en el menor tiempo posible; y, para ello, lleva aprendidas de memoria todas las direcciones y teléfonos de sus hombres. Y aunque está apurado, prefiere dejar pasar varias personas delante; con el objetivo de inspeccionar, nuevamente, si alguien lo está siguiendo, tanto en el barco como en tierra…

Zajarov decide avanzar. En ese momento Müller, quien apresuraba sus pasos hacia la escalerilla de descenso; tropieza con el brazo del agente ruso, y le hace perder el agarre de la maleta. Esta cae al piso con un ruido sordo.

Zajarov lo mira molesto; y, a pesar de su imagen británica, no puede evitar proferir un leve improperio:

- ¡Estúpido!

El otro se vuelve, pues lo ha escuchado perfectamente.

Zajarov piensa en una simple excusa por parte del otro; pero uno de los fornidos gemelos se le planta delante y lo mira desafiante. Aparece el otro a su lado.

Zajarov tensa toda su musculatura a través de su elegante traje. Su bien entrenada mente ve un peligro inminente y piensa:

"¿Me estarán cercando los enemigos? El tropezón; ¿habrá sido un pretexto para neutralizarme?"

Zajarov se echa hacia atrás; y sus ojos de águila buscan una salida, preparándose para el enfrentamiento con los dos gemelos.

Petroni, quien llega apresuradamente junto a Müller, se interpone entre los gemelos y Zajarov; y le comenta con una sonrisa forzada en perfecto inglés:

- Disculpe usted, buen señor, a mis sobrinos. Son huérfanos; y mi hermano los ha criado solo, siendo padre y madre a la vez para ellos.

Señala a Müller, quien hace un gesto con la cabeza que no podía significar ni un saludo ni una disculpa. Después continúa:

- Por eso son muy celosos con cualquier cosa que le ocurra; ¡pero le debemos una disculpa al señor! ¿verdad muchachos?

Su mirada se clava en los dos gemelos, la cual es más una orden que una sugerencia.

Los gemelos, sin hacerle mucho caso a aquellas palabras, se vuelven hacia Müller. Evidentemente obedecían más a uno que al otro. Pero la mirada de aquel también es perentoria. Los hermanos balbucean entonces un *"Entschuldigung"* en alemán; y, después de mirarlo fijamente, se retiran.

Petroni se disculpa nuevamente y se marcha junto a ellos.

Zajarov los ve descender la escalerilla y perderse entre la multitud. Entonces piensa:

"Mi instinto no me engaña… Estos hombres pretenden mostrar una imagen falsa de sí. Entre ellos no hay ninguna relación de familia.

Esos son lazos basados en los principios de ordeno y mando, de subordinación incondicional a un jefe militar. Esta gente es muy peligrosa; pero, evidentemente, no vienen tras de mí. Tienen otro objetivo..."

Zajarov no sospechaba que muy pronto, volverían a cruzarse sus caminos. Sin proponérselo, había entrado en contacto con Petroni, Müller y sus dos guardaespaldas; quienes habían llegado en el mismo barco, con la misión encomendada por Hitler de raptar al profesor Meltzer..."

CAPÍTULO 15.

El jefe de la Oficina de Servicios Estratégicos de los Estados Unidos, William Donovan entra a su oficina. Trae en la mano un informe, el cual llevaba varios días esperando. En él se hace un minucioso estudio psicológico de todos y cada uno de los científicos jefes vinculados al *"proyecto Manhattan"*.

Aunque antes de empezar, y durante todo el tiempo en que estuvieron desarrollando la bomba, a dichos hombres se les había sometido a un análisis semejante y se les había monitoreado muy de cerca; la información recibida de Stephenson le había puesto los pelos de punta a Donovan.

Por eso, decidió llamar a uno de sus amigos de la infancia; quien se desarrollaba como jefe de la cátedra de psicología en una universidad renombrada, y le pidió le hiciera dicho estudio. Aunque la Oficina poseía su propio equipo de psicoanalistas, estos ya estaban permeados por las valoraciones realizadas por anterioridad, y prefería tener una segunda opinión de un ente independiente.

Fue así como, bajo la égida del profesor, un grupo de los estudiantes más avanzados de la universidad se dedicaron a analizar los casos de personalidades que, bajo nombres falseados, se les presentaron como material de estudio.

Donovan se personó en el despacho de su amigo el profesor, siendo recibido efusivamente por este. Después de intercambiar las fórmulas de cortesía de rigor, y de rememorar los viejos tiempos; este le presentó un resumen, del informe contenido en más de cien páginas de análisis.

El profesor se quejó de lo apresurado de la solicitud; y de que faltaron las entrevistas personales a los sujetos, las cuales hubiesen corroborado los resultados obtenidos. Pero, aun así, las conclusiones fueron muy interesantes; y en algunos acasos diferían totalmente de las realizadas anteriormente, por el equipo investigador de la Oficina de la OSS.

El resumen era categórico: entre los analizados; había cuatro sujetos, quienes poseían la tipología para ser captados por el enemigo como informantes. Y a la pregunta hipotética de cuál de ellos era el más propenso para haber trabajado para el Tercer Reich; todos los estudiantes habían coincidido en que el sujeto *"D"*, era quien poseía todas las características personales para ello.

Donovan se despidió de su amigo y se trasladó hacia su oficina. Cuando estuvo dentro, se quedó pensativo ojeando el informe. Sólo él sabía cada letra a quién definía, y el resumen había señalado inequívocamente hacia una persona. Al igual que la frase: *"Todos los caminos conducen a Roma"*, quienes habían realizado el análisis convergían en una persona; ¡y ese era el doctor Klauss Meltzer!

Donovan levanta el auricular y llama a su ayudante. Le pidió comunicarse con el agente *"Oriol"* inmediatamente, y le hiciera venir con urgencia. Y al cabo de un tiempo, se presentó ante Donovan el físico Arthur Harrison.

Este ocupaba el cargo de segundo de Meltzer en todas las investigaciones, así como en las instalaciones de Oak Ridge y Hanford Site. Y estaba en la nómina de la Oficina de Servicios Estratégicos como el agente *"Oriol"*.

Desde sus estudios en la universidad, Harrison había captado la atención de uno de sus profesores, como alguien con capacidades innatas para el trabajo de espionaje. Y se lo había hecho saber a un amigo, quien trabajaba vinculado a estos servicios. Antes de la creación de la OSS, los asuntos de inteligencia estaban repartidos entre diferentes departamentos del gobierno estadounidense, sin ningún tipo de coordinación. Incluso, el Ejército y la Armada utilizaban códigos diferentes para cifrar sus mensajes secretos.

Así fue como Harrison pasó a ser parte de los servicios de seguridad del ejército, los cuales se convirtieron en 1941 en la OSS.

Su labor como espía dentro del proyecto *"Manhattan"*, había sido meramente observadora; y siempre estaba atento a cualquier cosa que pudiese significar un desliz de uno de sus compañeros. Había podido detectar uno o dos intentos de penetración enemiga en el equipo de trabajo de la bomba, lo cual le había valido una buena valoración de sus jefes. Y Donovan sabía de su existencia por ello, y porque lo habían catalogado los analistas, como uno de los cuadros más prometedores en la actividad del espionaje.

Harrison había coincidido con Donovan en una ocasión en un banquete; pero nunca pensó tener que verse, frente a quien constituía toda una cátedra en el tema de la seguridad nacional y el espionaje.

Harrison entra a la oficina de Donovan, y este lo invita a sentarse. Entonces le espeta:

- Lo de agente *"Oriol"* queda para mis subordinados. Usted es, para mí, el eminente doctor en Física Arthur Harrison.

- Y yo estoy a sus órdenes, señor.

Donovan ojea un expediente que tiene delante; y hace como si leyera algo importante, hasta mirarlo directamente a los ojos y comentarle:

- Todas las evaluaciones lo dan como un agente capaz; pero yo quiero hacer una comprobación personal de eso, para ver realmente hasta dónde alcanzan sus capacidades y su poder de análisis. Si sale airoso de ella, se le encomendará una misión mucho más importante. Necesito hacer un simulacro de vigilancia, que sólo quedará entre nosotros. Usted debe supervisar de cerca, todos y cada uno de los movimientos de su jefe y amigo Klauss Meltzer. Debe revisar sus comunicaciones, con quien concierta reuniones; y cualquier cosa que pueda ser vista como un contacto de agente enemigo.

- Vamos a ver si usted es capaz de realizar una buena tarea, sin ser detectado.

Donovan hace una pausa y prosigue:

- Actuará como si debiese detectar el trabajo de una peligrosa red de espías extranjeros; de los cuales Meltzer sería la fuente de información, tratando de darles a conocer los trabajos para lograr la bomba atómica. ¿Queda claro?

Donovan piensa:

"Prefiero mentir, para no crear una animadversión en Harrison hacia Meltzer. Por supuesto, no le diré que, paralelamente, otro equipo desarrollará el trabajo de campo, es decir, el seguimiento".

Harrison interviene:

- Con todo respeto, señor; usted disculpe mi franqueza, pero no creo que esto sea un trabajo de rutina ni un simulacro. Si lo fuese, no habría usted gastado su precioso tiempo en darme la tarea personalmente; y mucho menos pidiéndome que mis reportes sean enviados directamente a su persona.

Donovan se sonríe:

- Evidentemente las evaluaciones psicológicas acerca de su perspicacia; inteligencia y poder de razonamiento, no han fallado. Tiene toda la razón. Esto es un asunto de seguridad nacional, y todo empeño que ponga en ello resultará poco. No creo que deba agregarle mucho más de lo dicho, pero sepa usted que existen grandes sospechas acerca de una filtración de información clasificada sobre la bomba, a la cual sólo tenían acceso unos pocos, entre ellos Meltzer.

Harrison acota:

- Y yo también.

Donovan no puede evitar sonreír y agrega:

- No evade usted las situaciones complejas. Claro que usted está en la lista, más no es sospechoso; si no, no estuviese sentado aquí.

- Bien pudiese ser una maniobra para estudiar mi reacción y probarme, señor. Formaría parte de una bien cuidada estrategia para comprobar mi fidelidad y mi trabajo.

Donovan se levanta de su asiento y camina hasta la ventana. Mira hacia afuera y después se vuelve.

- Y si así fuera, ¿cuál sería su reacción?

Le pregunta mirándolo fijamente.

- Lo haría igual. Al final, si usted o alguien de la OSS tiene dudas acerca de mi persona, mi deber es demostrar lo contrario; así que dígame solamente cómo hacerle llegar mis informes, y considéreme siempre un fiel servidor de los Estados Unidos de América.

Y se levanta, cuadrándose militarmente.

Donovan avanza hasta él y, colocándole a mano en el hombro le dice:

- Hijo, tienes una difícil y ardua tarea. Es necesario detectar si esa filtración ocurrió anteriormente, y si lo volverán a contactar. Y no es precisamente con los rusos con quien tendrás que habértelas. Se trata de un fantasma, más bien diría yo.

Y ante la mirada inquisitiva de Harrison agrega:

- No estoy loco. Intentarás demostrar su vinculación con la alta jefatura nazi; es decir, con Hitler.

El científico dice asombrado:

- ¡Pero el Führer está muerto!

Donovan.

- Vamos a probarlo; pues hasta del más allá pudiera tratar de contactar a Meltzer, ¡y rehacer la fabricación de su bomba nuclear!

CAPÍTULO 16.

Loa niños, de unos doce años, están sentados atendiendo a la profesora. Es una mujer de mediana edad. Samuel Meltzer, el hijo del profesor, está sentado al final del aula.

La profesora dice:

- Samuel, vaya a la pizarra a hacer el ejercicio número uno de la tarea.

El muchacho baja la cabeza y dice apesadumbrado:

- No puedo, maestra. No la hice.

La profesora está muy molesta.

- Samuel, ¡esto es el colmo! No entiendo que pasa con usted. Acabamos apenas de empezar el curso escolar, y su conducta deja mucho que desear. No hace la tarea, no atiende a clase… ¡Hágame el favor de retirarse del aula! ¡Vaya para la dirección y espéreme allí!

- Muy bien, señorita Penton.

El muchacho se levanta de su asiento, mientras todos los ojos se fijan en él. Va hacia la puerta, la abre y sale al pasillo.

Samuel se dirige al final del pasillo, donde hay una ventana, en el antepecho de la cual se sientan los estudiantes en los horarios de receso. Va hacia allí, pensando:

"¿Cómo me voy a presentar al director? ¿Qué le diré?"

Cuando va a acomodarse, se abre la puerta del baño de los hombres. Samuel se vira; y descubre al conserje de la escuela, saliendo con su carro de limpieza. Éste es un hombre ya anciano. Al ver al muchacho, se sorprende:

- ¡Eh muchacho! ¿Qué haces aquí a esta hora?

- La maestra me echó del aula. Debo ir para la dirección.

- ¿Qué habrás hecho?

El conserje indaga inquisitivamente, y su rostro refleja la duda. Samuel responde:

- Pregúnteme mejor qué no hice: la tarea.

- ¡Ah! ¿Conque esas tenemos? ¿Y crees que eso es una gracia? ¡Pues muy bien hecho por parte de la maestra! ¡Así aprenderás a cumplir con tus deberes! ¡Ojalá yo hubiera podido asistir a la escuela! Por lo menos no hubiera sido conserje de escuela…

- Imagínate que en los domingos, cuando mi madre me llevaba a la iglesia, el pastor me daba los párrafos más grandes de la Biblia para aprendérmelos; y el catecismo…

Se interrumpe al ver la expresión apesadumbrada del chico y reacciona:

- Oye, pero; ¿qué te pasa?

- No es nada.

Dice el muchacho bajando la vista.

- ¡La verdad es que soy un animal! No, si cuando yo lo digo; habla que te habla y te he puesto triste. ¡Perdóname muchacho!

El buen hombre se acerca a Samuel y se disculpa nuevamente:

- Mira, no fue mi intención… pero; ¿por qué estás tan afligido? ¿Es por lo que te dije?

- No, no es por eso. Tú dices las cosas sinceramente, eso se nota.

- Bueno, gracias. Además, si te pudiera ayudar, aunque fuera con un consejo… Veo que tú no sientes ningún reparo en que te vean hablando conmigo. Al fin y al cabo eres rico y blanco, y yo pobre y negro. ¡Y además un viejo charlatán!

Samuel ríe de buena gana, y le dice al hombre:

- Nada de eso.

Le extiende la mano, y agrega:

- Mi nombre es Samuel; y tú, ¿cómo te llamas?

- Richard.

El conserje responde estrechándosela. Samuel agrega:

- Presiento que serás un verdadero amigo para mí.

- Y trataré de serlo, Samuel; y por eso te pido nuevamente mil disculpas por mi charlatanería. ¿Sabes lo que pasa? Me adelanté a los acontecimientos, y te regañé sin preguntarte antes qué te pasó para no hacer la tarea.

- Sí, eso es verdad.

- Pero me lo vas a decir.

- Bueno, a ti te lo diré; porque debo quitarme esa carga de encima y contárselo alguien. Además, no puedo tener secretos con un amigo. Mira, tú debes saber que yo…, bueno, que mi papá… No sé, Richard; ¡no puedo!

Dice el niño moviendo la cabeza tristemente.

- A ver, empieza poco a poco.

Dice el hombre, y le pone una mano en el hombro.

- Para mí es muy difícil.

- Eso no importa. Desahógate, y a lo mejor hasta yo te puedo ayudar en algo.

- Lo dudo. Pero bueno…Mira Richard, tengo un problema grande. Mi papá no se ocupa de mí. Aunque ahora soy más grande, han pasado años sin verlo jugar conmigo ni darme cariño de padre…

Samuel suspira profundamente y prosigue:

- Casi nunca lo veo, porque siempre está trabajando. Él es un científico importante, y estuvimos varios años encerrados en unas instalaciones del ejército, bastante lejos de aquí; pues estaba asignado a no sé qué trabajo. Cuando estábamos allí, se iba de madrugada y volvía cuando yo estaba durmiendo. Ahora regresamos; pero igual permanece durante horas encerrado en un área de nuestra casa donde tiene su laboratorio, y no sale ni a comer.

Además, siempre está discutiendo y peleando por gusto. Todo el personal de servicio de la casa le tiene miedo, incluso mi mamá…
- Pero… ¿y eso qué tiene que ver con la tarea?
- Pues en los próximos días es mi cumpleaños, y estoy triste porque sé que mi papá no me va a atender. El año pasado ocurrió igual: mi mamá preparó todo; hicimos una fiesta grande con muchas fotos y payasos, y él trabajando y ni se acordó de felicitarme. Y otros años ha sido igual. No me siento bien pensando en que este año sucederá lo mismo. De nuevo habrá mucha gente a mi alrededor; todos los niños estarán con sus papás, y yo…
Y la tristeza ensombrece su rostro.
- Bueno, bueno, no te pongas así. No debe ser muy agradable que no se acuerden de felicitarlo a uno por su cumpleaños, pero tampoco es para tanto…
El hombre trata de restarle importancia al hecho. Después continúa:
- Mira, como me dices que tu papá está haciendo un trabajo muy valioso, por eso no recordó la fecha. A lo mejor este año te sorprende.
- ¡Ay Richard, ojalá fuera así; pero mi papá está cada día peor! E incluso estoy seguro, además, que sus trabajos son para hacer daño.
- ¡Cómo vas a decir eso de él!
Casi grita el conserje molesto.
- ¡A tu padre debes respetarlo, y pensar que siempre hace cosas buenas!
- No puedo pensar eso; porque él siempre está hablando con mi mamá y conmigo de cómo somos superiores a otra gente, y que debemos acabar con…, oye, no te ofendas; con los negros, judíos y otras razas inferiores.
El muchacho levanta la vista.
- ¿De verdad?

El viejo se rasca la cabeza en señal de confusión.

- Oye, tu papá tiene unas ideas muy raras. ¡Menos mal que tú no piensas igual!

- Pero el ambiente de mi casa es muy tenso, y eso me hace sentirme mal y sin ánimo de nada. Yo no puedo hablar con mi papá como lo hago contigo, por eso no le hago caso a sus opiniones.

- Y… ¿no sabes lo que está haciendo tu padre en el laboratorio de la casa?

- Ni idea.

- ¿Y por qué no lo averiguas? A lo mejor te ayuda a entenderlo un poco mejor.

- Pero; ¿cómo lo hago?

La expresión del muchacho es de incredulidad.

- No sé, trata de entrar.

- Se ve que no conoces a mi papá.

Samuel se expresa moviendo la cabeza, y después agrega:

- Él se encierra en el laboratorio y no le abre la puerta a nadie.

Samuel abre los brazos en señal de indefensión.

- Pero; ¿ese laboratorio es un área de la casa que él habilitó para eso?

- Sí, así es.

- Y, ¿no has probado a observarlo por una ventana?

- No, nunca.

- Pues trata de ver si lo logras y después me cuentas. A lo mejor te doy una idea o entre los dos podemos hacer algo. Y ahora vete para la dirección. La maestra debe estar al salir para allá.

CAPÍTULO 17.

Petroni ha estado andando por la ciudad, hasta sentarse en el parque situado frente al parque donde trabaja el profesor Meltzer.

Hitler no le había dado a Petroni el nombre de Meltzer como su informante, pero le había dado el santo y seña de contacto. Quería comprobar si el italiano era tan sagaz como le habían dicho, y así le quiso dificultar un poco la tarea de descubrirlo. También en ello había una cuestión de seguridad: el Führer quería que la pesquisa detectara, hasta qué punto el científico había permanecido fiel a su causa; y si no se había desviado de ella, ahora que a él se le daba por muerto. Al tratar de sacar una aguja de un pajar, Petroni debería indagar en el pasado y presente de mucha gente; y si Meltzer ya no era fiel, saldría rápidamente a la luz.

Mas para Petroni no había sido difícil localizar, quién podía ser el individuo que había trabajado pasando información a Hitler. Aunque los archivos clasificados del Tercer Reich habían sido destruidos (y, por tanto, de los oficiales de contacto en el extranjero no había quedado rastros); empleando un razonamiento lógico, hizo un estudio pormenorizado de todas las eminencias encargadas de la creación de la bomba, y había llegado a la conclusión que debía ser Meltzer. Y esa había sido, más o menos, la misma línea de razonamiento del equipo de psicoanalistas de la universidad, cuyo informe poseía ahora Donovan.

Meltzer era el único de ellos que no había emigrado escapando del nazismo, y había venido a Estados Unidos con su padre, poseyendo ya un título universitario. Pero su pasado no denotaba la posesión de una fortuna en Alemania de los años 20. Entonces, ¿de dónde habían sacado el dinero para los estudios, y para amasar la fortuna que poseían? Mientras el italiano estudiaba la biografía de Meltzer; se daba cuenta de que, por sus convicciones, el padre había sido un nazi convencido. Y las reacciones de Meltzer en su entorno (pues Petroni había tenido hasta la osadía de entrevistar a algunos de sus subordinados, alegando un trabajo periodístico), le dieron la medida que estaba en presencia de otro nazi.

Después de haber determinado su objetivo, venía la parte más difícil: transportarlo a la base ultra secreta del Führer. Müller era de la opinión que debían apresarlo sin muchas consideraciones, pero Petroni difería. El problema no era raptarlo, lo cual ya implicaba múltiples riesgos en sí; sino trasladarlo sin llamar la atención. Así fue como el italiano decidió arriesgarse y tratar de llegar hasta él; no con violencia, sino por convencimiento.

No obstante, en cualquiera de las variantes a aplicar para llevar a Meltzer hacia el refugio de Hitler, debían siempre dirigirse hacia la frontera con México; pues era el lugar más apropiado para poder violar los controles fronterizos y policiales. Por ello Petroni insistía en convencerlo para colaborar. Si Meltzer cooperaba, él mismo los ayudaría a preparar el terreno para su fuga del territorio norteamericano. Si no lo hacía, entonces no podían esperar menos que una persecución de todos los medios represivos en su contra, pues se estarían llevando a uno de las más importantes eminencias de la centuria.

Después de haber culminado su labor en la creación de las bombas atómicas; todos los científicos se habían tomado un descanso, y Meltzer no había sido menos. Pero, al cabo de unos días, había comenzado nuevamente su rutina en el laboratorio del instituto de investigaciones donde trabajaban él y Harrison…

Petroni se entretiene en leer un libro, sentado en un banco, y aparentando ser un simple transeúnte que disfruta de una cálida tarde en el final del verano…

Al mismo tiempo, Meltzer se prepara para partir. En ese momento se oye un toque en la puerta de su oficina, y Harrison entra como un bólido y le dice:

- Klauss, ¡te tengo tremenda noticia!

- ¿Qué sucede?

Pregunta este extrañado.

- ¡Pues que vamos a volver a trabajar juntos, y esta vez serás el máximo jefe en *"Los Álamos"*!

- ¿Cómo dices? ¡Eso no puede ser! Oppenheimer está al frente de todo el proyecto.

- Estaba.

Harrison responde adoptando un tono confidencial

- Oppenheimer da la apariencia que *"Trinity"* lo había llenado de gloria y también de orgullo; mas, en su fuero interno, su verdadero sentimiento es de culpabilidad. He sabido de buena tinta que, en una visita reciente realizada a Truman, Oppenheimer dijo sentirse con *"las manos manchadas de sangre"* por culpa de la bomba, ante lo cual el presidente se molestó. Cuando abandonó el despacho, Truman ordenó a su asistente que no quería volver a ver a *"ese malnacido"*.

Harrison se acerca más a Meltzer, y e dice en un tono que es casi de susurro:

- Los servicios de seguridad siempre tuvieron a Oppenheimer en la lista de los revoltosos con inclinaciones comunistas, y parece ser que se volvieron a destapar en él esos sentimientos. Y sé que Truman maneja tu nombre para sucederlo en el cargo. Por tanto, ¡nos esperan mayores lauros, Klauss!

Lo narrado sobre lo acontecido en la oficina oval había sido cierto. Y aunque Truman no estuviese realmente valorando a Meltzer para el cargo; siguiendo las órdenes de Donovan, Harrison estaba utilizando algo de información fidedigna para venderla como real. Así; si había una filtración, se sabría enseguida de dónde había provenido. Lo importante, también, eran ver las reacciones de este. Y aunque personalmente no creía que ningún nazi contactaría a Meltzer; cumplía las órdenes a cabalidad. ¡La maquinaria de espionaje estaba en marcha! Si hasta ese momento Harrison no había tomado a su amigo como material de estudio; a partir de su entrevista con Donovan no lo perdía de vista, y cada día lo encontraba más propenso a ser un traidor…

Meltzer se queda pensativo, y Harrison lo observa detenidamente. Después agrega:

- Y, para hacer más completa nuestra dicha; estamos invitados a una cena que, en honor de quienes trabajamos en la bomba, Truman dará la próxima semana.

- Entonces debo ultimar detalles para hacerle un presente, que debe encumbrarlo aún más en la historia.

Harrison lo mira extrañado a su vez, e inquiere suspicaz:

- ¿Puedo preguntarte de qué se trata? La cena no es un lugar propicio para hacerle ningún regalo.

- No le llevaré algo. Voy a poner a su disposición un artefacto, que le dará toda la gloria del mundo. Es el resultado de años de trabajo; y al haber desaparecido la persona a quien estaba dirigido…

Su semblante se oscurece, y una sombra de pesar pasa por sus ojos. Entonces agrega:

- La actitud asumida por Truman desde su llegada a la presidencia, demuestra ser quien más lo merece después de él.

Harrison se siente intrigado, y no se le escapa la velada referencia a la persona *"desaparecida"*. Entonces lo mira de reojo mientras piensa para sus adentros.

No puede ser el padre de Meltzer, pues este ha muerto hace muchos años. Evidentemente se refiere a otro, ¡que debe ser Hitler! Pero entonces, ¿el gran Führer de toda Alemania está verdaderamente muerto? Si este hombre ha trabajado para él, y ahora se refiere a su desaparición en esos términos, no debe ser mentira lo del suicidio… Aunque todo puede estar tan bien montado que, hasta incluso sus más incondicionales, pueden considerarlo muerto; con el objetivo de desviar la atención hacia otras cosas y darle tiempo a reorganizarse…

Como bien me ha dicho Donovan, esa información es necesario corroborarla. Y muy bien este afamado científico puede ser nuevamente objeto de contacto; si no para el Führer, por lo menos para algunos de sus acólitos que hayan sobrevivido. Si ya antes ha trabajado para ellos, es de suponer la renovación de esos contactos. Pero no debo insistir. Debo averiguar, más adelante, en qué consiste dicho "regalo". Y para ello, explotaré al máximo el ego de Meltzer, y mis relaciones personales con él."

- Bueno; esperaré ansioso ese día, para enterarme de esa novedad que tienes tan escondida. Mientras tanto, deberíamos reunirnos para celebrar este acontecimiento.

- No es mala idea. Podemos ir hasta el bar donde compartíamos con nuestros amigos cuando éramos estudiantes. Siempre he guardado un grato recuerdo de ese lugar.

- ¡Pues a lo dicho, hecho! Ve adelantándote y espérame allí, mientras termino de recoger algunas cosas en la oficina.

Harrison no tenía que guardar nada. Simplemente estaba dejando a Meltzer sólo, para ver si intentaba comunicarse con alguien. Su oficina había sido *"pinchada"* con micrófonos ocultos, por unos *"trabajadores de la compañía de teléfonos"* enviados por Donovan;

y aunque Harrison suponía que las informaciones no eran enviadas por teléfono, no se podía descartar el contacto por esa vía.

Pero Meltzer no hace nada. Recoge sus cosas y se marcha del instituto. Y mientras Harrison está elucubrando su plan, el profesor Meltzer se va caminando hacia el bar acordado con su ayudante y amigo.

"Como el bar no se encuentra lejos; mejor voy a caminar un poco. De hecho, es lo único que haré como ejercicio físico en mucho tiempo... Últimamente he sentido malestares, con vahídos... Pero debe ser producto de la falta de alimentación, por estar tan concentrado en el trabajo. O bien pudiera ser el antecedente de problemas cardiacos y circulatorios, por falta de una buena irrigación sanguínea al cerebro. Tantas noches de insomnio; de fumar indiscriminadamente y de sobrecarga en el trabajo, no pueden dejar de hacerse sentir, más tarde o más temprano."

El profesor entra al bar y busca una mesa vacía. Mas a aquella hora, el local está lleno. Sin embargo; una de las del fondo se desaloja al cabo de un momento, y hacia allí se dirige.

Mientras se acomoda; le hace un pedido al barman que se acerca, y limpia la mesa del servicio anterior.

El barman se aleja; y, en ese momento, Petroni se le acerca y le pide permiso para sentarse.

Meltzer lo mira, y le dice en su mejor tono, que es de pocos amigos:
- Estoy esperando a una persona; por tanto, lamento negarle su solicitud.

Petroni se sienta de todos modos, y Meltzer se arrabia:
- ¡Usted es un impertinente! ¡Levántese ahora mismo, o lo hago desalojar!

Petroni lo mira con una sonrisa irónica; y le dice en perfecto alemán:
- ¿Sind Sie herr Adler? (¿Es usted el señor águila?).

Meltzer lo mira asombrado.

"¡Diablos! Esa es la clave; ¡con la cual me comunicaba con mi agente nazi, durante nuestros encuentros personales!

El profesor no sabe qué decir. Su respuesta debía ser:

"Nein, Ich bin herr Doppeladler" (No, yo soy el señor Dos águilas); mas no esperaba semejante contacto en este lugar.

Este santo y seña había sido preparado cuidadosamente por los servicios secretos nazis, y constituía un juego de palabras. La palabra *"Adler"* era un apellido muy común en Alemania; pero, en este caso, aludía al símbolo del imperio alemán. Durante sus 47 años de existencia; ese imperio surgió como una de las economías industriales más poderosas de la Tierra, y una gran potencia, hasta derrumbarse después de su derrota militar en la Primera Guerra Mundial. El *"Doppeladler"* (o águila de dos cabezas), estaban en el escudo del imperio austro húngaro; el cual formaba parte del *"Lebensraum"* o espacio vital hitleriano, y era parte del orgullo nacional nazi.

Petroni sonríe otra vez, y le dice en voz baja:

- Aunque no me responda al santo y seña con la frase: *"Nein, Ich bin herr Doppeladler"*, no puedo perder tiempo. Vengo a contactarlo, pues debe terminar un trabajo que no concluyó.

Al oír la clave, Meltzer se sorprende y no sabe cómo reaccionar. El momento es aprovechado por Petroni para continuar sonriente:

- Mi nombre es Luigi Petroni; y debo hablar con usted, pero en el menor tiempo posible. No debe haberse percatado; mas, ¿sabía usted que está siendo seguido por los servicios de seguridad de este país?

- ¿A mí? ¿por qué?

El profesor se extraña ante semejante noticia. Petroni le responde:

- No lo sé todavía, pero es un hecho. Ahora mismo, quienes le siguen, lo hacen con discreción desde un auto azul situado al otro lado de la calle. Pero, evidentemente, no tienen interés en descender de él. Ya me cercioré que no lo harán; lo cual puede ser interpretado de una sola manera: No esperan ningún contacto en este lugar; y su acompañante en esta mesa trabaja para ellos.

Petroni se acerca más a él y le dice:

- Precisamente por suponer ellos que usted no va a ser contactado aquí, me he atrevido a sentarme. Pero ello nos lleva a analizar la segunda conclusión: esa persona, a quien usted espera; trabaja para ellos, pues han delegado en él su labor de cerberos. Si me disculpa la pregunta, ¿con quién se va a reunir?

- Con un amigo del trabajo, el doctor Arthur Harrison.

Meltzer responde evidentemente confundido.

- Sé de quién se trata; y no quiero aventurarme a darle ningún juicio prematuro de esa persona, sin tener todas las cartas en la mano, mas puede estar seguro que mi razonamiento es certero.

- Debe usted marcharse, pues él está al llegar.

Le pide Meltzer un poco más calmado. Petroni se vuelve y pasea la vista por el salón, y después agrega:

- Lo sé. Por eso, al ver el establecimiento lleno, me di cuenta que no tendría tiempo para conversar fácilmente con usted. Así; me tomé el trabajo de darle una copiosa suma al barman, para liberarnos una mesa de las más discretas posibles.

Petroni habla rápidamente y en tono muy bajo, sin darle tiempo a Meltzer para poder reaccionar. El italiano se estaba arriesgando, pero decidió continuar. No le quedaba mucho tiempo hasta la llegada de Harrison. Intuía que éste podía ser parte de la labor de espionaje montada sobre el doctor; la cual había detectado desde hacía unos días con su natural perspicacia. Ello le daba una carta de triunfo; sobre la drástica propuesta de Müller, de raptarlo sin miramientos, pero debía apresurarse.

Petroni le dice para retirarse:

- El encargo que le traigo, viene de alguien a quien usted y su padre dedicaron su vida. Es interés de esa persona; informarle que los datos enviados por usted en su momento, a través de la vía acordada, fueron de mucha utilidad y se valora en alto grado su labor. Lamentablemente, usted sabe cómo no pudo ser finalizado ese trabajo; por el mal manejo de algunos científicos en quienes se confió demasiado. También en ello influyó la traición de los generales al conducir las campañas de guerra. Mas ahora se le presenta la oportunidad de aplicar lo descubierto aquí, para el futuro de Alemania.

- ¿Usted me está tomando el pelo? No me gusta hablar de ese tema; pues me toca muy de cerca. ¡Conozco suficientemente la repercusión negativa que trajo para mi patria, la labor de los traidores!

- Doctor, en ningún caso pretendo ese objetivo. Todo lo contrario. Quiero despertar, en usted; las ansias de todo buen alemán, de ver renacer el *"Reich de los Mil Años"*.

Meltzer dice amargamente.

- Un Reich sin tierra ni líder.

- Lo de la tierra está por ver. En cuanto al líder…

Petroni deja la frase en suspenso.

El profesor se levanta de un salto, evidentemente molesto:

- Mire, señor Petroni. No sé realmente si ese es su verdadero nombre; mas no pretenda venir a tocar los sentimientos más profundos de mi corazón, pues eso es imperdonable. No voy a seguir hablando con usted, pues no quiero que continúe burlándose de mí. Le pido se retire, para no ser grosero.

El italiano responde:

- Me debo ir, pues su compañero debe estar al aparecer de un momento a otro. Pero no doy por finalizada esta conversación. Sé que es difícil de creer, más trataré de darle alguna prueba de cuanto le he dicho. Mientras tanto, ¡cuídese de sus cerberos!

Petroni recoge su sombrero y se marcha.

Cuando atraviesa la puerta, se cruza con Harrison; quien apenas lo mira…

Antes de entrar, Harrison había sido contactado por los agentes de seguimiento. Confiado como estaba por la información dada por los agentes de la OSS, en cuanto a que su objetivo había ido sin hablar con nadie desde el laboratorio hasta el bar; Harrison entró sin preocupaciones, buscando con la vista al profesor Meltzer para seguir su solapada labor…"

CAPÍTULO 18.

Zajarov necesitó un poco más de tiempo para llegar a la misma conclusión que Petroni, en cuanto a quién podía haber sido el informante de los alemanes. Se le facilitaron las cosas; pues no solamente el equipo reunido por él llevaba tiempo en Estados Unidos, y se les había adelantado detalles sobre cuál sería su tarea; sino también por haberse llevado toda la información contenida, en los archivos clasificados de Beria sobre los científicos a cargo del programa nuclear norteamericano. Para reunir otros datos necesarios para realizar el análisis no fue fácil; pues era información clasificada, y llegar hasta ella era muy difícil. No obstante, fueron venciendo obstáculos y, al final, quedó conformado el bosquejo de los posibles candidatos. Y de entre todos, descollaba Meltzer como el más adecuado.

Zajarov también detectó el chequeo de los OSS, pues estos no se cuidaban. Consideraban aquello pura rutina. El mismo Harrison pensaba que su amigo no establecería ningún contacto, hasta tanto no empezaran a trabajar en algo concreto. Pero para el ruso, ello le dio la medida de que su tarea no iba a ser fácil…

De esta manera, Zajarov determinó que era mejor raptarlo en su domicilio; pues tenía menos posibilidades de ser interceptado por los agentes americanos. Se sopesaron varias variantes; y uno de sus hombres le aseguró que, siguiendo la buena tradición norteamericana, podían capturarlo junto con el hijo, y de esta manera obligarlo a trabajar para ellos. Les pareció adecuada dicha idea, y decidieron ponerla en práctica.

Pero la situación era más complicada de cuanto imaginaban, porque había un tercer elemento que no habían tenido en cuenta: tanto el equipo ruso como el alemán trabajaban con tanto cuidado y minuciosidad, que ninguno había percibido la presencia del otro; y mucho menos habían sido detectados por la gente de la OSS…

Menos de un mes después de los estallidos nucleares; la opinión pública, todavía conmocionada al saber que ahora había en manos de los seres humanos un poder destructivo nunca antes conocido, se regocijó por la noticia de la capitulación del Japón. Con ello se daba fin a la Segunda Guerra Mundial, el conflicto bélico más sangriento registrado en la historia de la humanidad.

Meltzer se despertó casi al mediodía. La cabeza le dolía un poco, producto de haber trabajado en la máquina la noche anterior hasta bien entrada la madrugada. Se había quedado incluso dormido en la silla de trabajo, con la cabeza apoyada en el plano que lo guiaba en el aspecto teórico. Después había subido a su cuarto; y aunque se sentía agotado, le había costado mucho conciliar el sueño.

Meltzer está acostado en su cama. Le cuesta trabajo levantarse, pues está adormilado. Mientras permanece acostado, su rostro se va transformando por las deducciones que va haciendo. El recuerdo de la última conversación con su padre, la cual se le repetía incesantemente hasta el cansancio, le había hecho dormir mal. Lograr la perfección de la máquina, y honrar el recuerdo de su progenitor, se habían convertido en su obsesión. Y es que las cosas habían cambiado mucho desde que aquel había muerto.

Fueron momentos luminosos, aquellos cuando Alemania tenía a sus pies a Europa, y parecía que nada se resistiría al avance impetuoso de sus tropas; cuando parecía que al fin el mundo estaría trabajando en función del poderío de su raza… De pronto, sin saber cómo, un ejército de zarrapastrosos, de comunistas de raza inferior, derrotó a las bien entrenadas tropas del Tercer Reich. Y lo que era peor: ¡habían entrado en Berlín, y ocupado el suelo patrio!

Y el Führer se había suicidado para no caer en manos de aquella gentuza, por la vergüenza sufrida ante el fracaso. ¿Cómo, entonces, aquel hombre del bar le daba a entender lo contrario? ¡Era imposible que Hitler se hubiese salvado! Para los conceptos de Meltzer, el suicidio era una salida decorosa ante la ignominia. Y ahí empezó a cuestionarse: ¿Cómo habría entrado el tal Petroni en posesión de la clave? Para ello podría haber varias respuestas; pero la más sencilla, que era su filiación al bando hitleriano, se le antojaba a Meltzer imposible. Así, empezó a elaborar otras versiones, para él más lógicas. Su mente rechazaba lo obvio, y se decía que aquello era una trampa de la OSS.

El sistema de comunicación con su agente podía haber sido hallado entre los documentos del bunker nazi, y entonces estarían comprobando al azar quién podía haber sido el informante del Führer. Si era así, le quedaba una esperanza, pues estarían actuando a ciegas. Si, por el contrario, su agente de contacto había sido capturado; entonces la tenencia de la clave también era una verificación de la OSS, pero con muchas más posibilidades de descubrirlo.

Si el nazi había sido fiel a sus principios, entonces debía haberse inmolado con las conocidas capsulas de cianuro que todos llevaban escondidas al efecto. Y aunque no hubiese podido acabar con su vida; de todos modos no debía haber hablado, o ya Meltzer estuviese preso. También cabía la posibilidad de que hubiesen descubierto el modus operandi de los nazis, pero sin asociarlo a él a la red. Pero entonces el italiano podía ser un provocador, enviado para determinar su fidelidad a la causa americana; máxime ahora cuando se le iba a proponer un cargo de tanta responsabilidad al frente de *"Los Álamos"*, según le había dicho Harrison.

Esta versión de los acontecimientos le pareció la más lógica, y a ella se aferró. Ello le hizo estremecerse nuevamente; pues recordó, entonces, no sólo la narración hecha por Bohr acerca de la actitud de Heisenberg, sino otro dato recibido recientemente.

En los círculos científicos se comentaba cómo el 6 de agosto de 1945; Heisenberg y los demás alemanes recluidos en la casa de campo de "Farm Hall" en la campiña inglesa, escucharon en la BBC la noticia sobre la bomba atómica de Hiroshima. A la noche siguiente Heisenberg dio una charla a sus compañeros; donde hacía un estimado correcto de la masa de Uranio -235 necesario para detonar la bomba, además de diseñar las características del artefacto. El hecho de haber podido hacer estos cálculos en tan poco tiempo; confirmaba el hecho de que la razón por la cual no había resuelto la bomba atómica durante la guerra, se debía única y exclusivamente al hecho de boicotear el programa nazi.

Meltzer no quiso ni pensar en ello, pues le volvía a subir la rabia por aquella tamaña traición. Por eso debía empeñarse más en terminar la máquina. Con ella se vengaría hasta de Heisenberg, y mandaría a todos los infiernos a Stalin y su camarilla. Por suerte, en medio de toda aquella ignominia, una parte de la tierra alemana había caído en manos de los americanos, de la gente del país donde ahora vivía. Esto lo consolaba en cierto modo; pues sabía que ellos, en esencia, no permitirían la expansión de aquella aberración comunista, y mucho menos la vejación de mantener su tierra ocupada por los bárbaros. Entendía entonces, en cierto modo, que la OSS tratara de probar su fidelidad; pero no recurriendo a una mentira tan burda como la utilizada. Les demostraría que con él no se jugaba de esa forma, y aquel italiano saldría con el rabo entre las piernas…

Después Meltzer decide levantarse. Se asea y se viste. Sale de la habitación.

El profesor baja las escaleras que conducen de su habitación hacia el comedor. Se sienta a la mesa; no sin antes llamar por medio del timbre a la sirvienta, la cual acude prestamente. Es una muchacha joven.

Meltzer responde con tono ofendido:

- ¿Buenos días? ¡Dirá más bien buenas tardes! ¿O piensa que no he mirado el reloj?

- ¡Ay señor, disculpe! Lo dije automáticamente.

- Está bien. Tráigame un jugo de manzanas, y el almuerzo. ¡Porque espero que ya esté listo!

Su voz denota no admitir errores o réplicas.

- Sí señor, enseguida se lo traigo.

Y la muchacha comienza inmediatamente a preparar la mesa. Entonces el profesor pregunta:

- A propósito, ¿dónde está mi esposa?

- Aquí estoy querido.

Ann responde desde lo alto de la escalera, donde contemplaba la escena.

Meltzer levanta la vista y la observa mientras baja.

Ann Morrison, a los treinta y ocho años; seguía manteniendo la misma esbeltez y gracia al caminar, que a los veintiséis cuando conoció a Klauss. Su rubia cabellera mantenía el mismo brillo sedoso, y su cuerpo era todavía hermoso; pero sus ojos no eran los mismos. Habían perdido la expresividad; estaban tristes, y rehuía mirar de frente a su esposo...

Ann se acerca a su marido y se sienta a la mesa también. No le da un beso, pues ya sabe que no está de buen humor. La sirvienta se ve incómoda al ver la tirantez en el ambiente, por lo que experimenta un gran alivio cuando la señora le dice:

- Puede retirarse, Mary; para mí no coloque los cubiertos. No tengo deseos de almorzar.

La criada se marcha, y Ann se dirige a Klauss.

- Querido, estaba en la habitación y te oí bajar las escaleras…

Meltzer la interrumpe:

- Te iba a mandar a buscar; porque he recibido una invitación para una cena de honor con el Presidente esta noche, y debemos asistir juntos.

Ella dice asombrada:

- Querido, ¿pero me lo dices ahora que es mediodía? ¡No voy a tener prácticamente tiempo para arreglarme!

- Fíjate bien, no quiero que empieces con tus melindres y dramatismos. Te avisé ahora porque fue cuando me acordé; ¡y procura estar dispuesta para la hora de la cena!

Su voz es imperativa y despótica. Ann pregunta humildemente.

- ¿A qué hora sería?

- A las ocho; y ten presente que es una cena especial del nuevo Presidente, a todas las eminencias científicas del país.

- Está bien, querido. Estaré lista para esa hora. Voy a ordenar al chofer que saque el auto, pues debo ir a la ciudad a arreglarme el pelo.

- Vete ya, y procura cambiar el semblante para la hora de la cena. Esa cara no es para presentarse en sociedad.

- Por supuesto, amor. Te prometo hacer mi mayor esfuerzo. Es que hoy no me siento bien.

Y se levanta, retirándose. Mientras camina por el corredor de la casa, piensa:

"Si fuera sólo hoy cuando no me siento bien, pero desde hace muchos años se ha ido empeorando esta situación. Y no es un malestar físico. Es de índole anímico, espiritual; de lo más profundo

del alma; de lo esclava que me siento junto a Klauss, de lo mal que me trata, de cómo...".

Ann se interrumpe en sus pensamientos para tocar en el cuarto de servicios. El chofer abre. Es un hombre de mediana edad. Al verla, le dice sorprendido:

- Pero...señora, ¿por qué se molestó?

- No importa Peter, lo hice mecánicamente. Prepare el auto, pues debo salir inmediatamente. Iremos a la peluquería, y debemos regresar antes de las 5 para que me dé tiempo a vestirme. A las ocho debemos estar de vuelta en la ciudad para una cena.

 - Sí, señora. Enseguida estoy listo.

El chofer responde con una inclinación.

De regreso por el pasillo, Ann continúa el hilo de sus pensamientos.

"... ¡Qué necesidad tengo de que Klauss me atienda, como hace tiempo no hace! Ya no es el mismo de cuando nos conocimos. Recuerdo como si fuera ahora en aquella fiesta de Pat..."

La mente de Ann vuela hacia aquella noche, varios años atrás, en casa de su amiga Pat...

Ambas eran muchachas jóvenes de una veintena de años.

"– Hola Ann, ¡qué linda luces esta noche!

Las jóvenes se besan en las mejillas. Pat está recibiendo a los invitados, en la escalinata situada a la entrada de la casa, mientras descendían de sus autos.

- Gracias Pat. Me demoré un poquitín, porque tú sabes cómo es papá; primero son sus negocios y después lo demás.

- No te preocupes, querida; todos los hombres son iguales. Lo importante es que hayas venido.

- Por cierto, ¿dónde se metió papá?

Ann busca a su padre con la vista a su alrededor. Después continúa:

- Se bajó del auto conmigo y ahora no lo veo.

- Mira, ahí viene. Y muy bien acompañado, por cierto...

Pat le indica con la cabeza, y se sonríe pícaramente.

Ambas se vuelven, y ven al padre de Ann acercarse acompañado de un joven elegantemente vestido, que no es otro que Meltzer joven. Evidentemente el muchacho había estado esperando la llegada de ellos, pues se había acercado al padre de Ann en cuanto descendió del auto. El padre de Ann es de mediana edad.

- Permiso señoritas.

Ann responde.

- Sí papá; tú dirás.

- Perdonen la interrupción, pero quiero presentarles a este muchacho.

Hace las presentaciones.

- Mi hija Ann; su amiga y anfitriona en el día de hoy, Patricia. El señor Meltzer.

- Encantado, señoritas.

El joven saluda con una inclinación.

Ambas chicas sonríen al mirarlo. Los ojos de Ann fueron escrutadores y piensa:

"¿Quién será este apuesto galán?"

- El señor Meltzer nos ha sido recomendado para trabajar en nuestro laboratorio, y he decidido invitarlo para que se codee con nuestro medio. Está considerado una eminencia científica a pesar de su juventud.

- Papá, le has sacado los colores al señor.

Ella sonríe pícara.

- No importa. Las verdades hay que decirlas. Y ahora le ruego me disculpe, señor Meltzer. Lo dejo con la juventud.

- Tú no eres ningún viejo, papá.

Le dice Ann sonriendo.

- *Está bien, pero de todos modos me voy. Tengo un asuntico que discutir con el señor Ford. Ustedes; mientras tanto, atiendan al señor Meltzer para que se sienta a gusto con jóvenes de nuestra sociedad.*

Y se aleja hacia el centro del salón.

Ann dice con cierto disgusto.

- *¡Y míralo como se va! No, no, ¡si cuando yo lo digo! A veces a mi papá se le olvidan las más elementales reglas de cortesía por atender sus negocios.*

Meltzer agrega:

- *Para mí es tan embarazoso lo que ha hecho su padre como para usted. Si le molesta mi presencia, me retiro*

Meltzer le habla a Ann mirándole a los ojos.

- *No, no; si no es por usted. Puede quedarse*

Ella le responde sosteniéndole la mirada. Pat interviene en ese momento:

- *¡Ay, con permiso! Disculpen si los dejo solos un momento, pero llegan unos invitados y debo recibirlos.*

Y se separa de ellos. Ann dice con una expresión de asombro:

- *Parece que todos se empeñan en dejarnos solos.*

Meltzer responde:

- *Ya le dije que puedo retirarme si le incomoda mi presencia.*

- *No se marche.*

Se apresura ella a aclarar. Después agrega:

- *Es sólo que me han dejado indefensa...*

Y piensa:

"La personalidad de este hombre irradia como una especie de magnetismo que hechiza".

Meltzer le pregunta extrañado.

- *¿Por qué?*

- *¡Por sus miradas! ¡Parecen dardos!*

Meltzer la mira burlón y dice:

- *¿Se notan tanto?*

- *No creo que esté haciendo mucho para disimularlas.*

Dándose cuenta de que estaba entrando en un terreno escabroso, quiso cambiar de tema:

- *Y usted, ¿es extranjero? Lo digo no sólo por el nombre, sino porque se le nota un leve acento.*

Meltzer explica:

- *Soy alemán de origen. Llegue aquí hace poco con mi padre, mi madre y mi hermana. Aunque el inglés es una lengua común para comunicarnos en los medios científicos, evidentemente no lo domino bien.*

- *En realidad se lo pregunté más bien por el apellido, pues el acento es muy leve. No se molestó, ¿verdad?*

Y lo mira coqueta.

- *Para nada. Estoy dispuesto a someterme a su interrogatorio, con tal que prosiga usted conversando conmigo. Siga usted preguntando; para mí es un placer escuchar su melodiosa voz.*

- *Muchas gracias, señor Meltzer. Es usted muy amable.*

Ella baja los ojos y ruborizándose. Él agrega:

- *Llámeme Klauss; y no debe darme las gracias por decirle la verdad. A ver, ¿sería tan amable de permitirme bailar con usted?"*

...

"Y bailamos sin parar. Deseaba que la noche fuese interminable. No nos apartamos ni un momento el uno del otro. Recuerdo haber rechazado otras invitaciones, de mejores partidos, para estar a su lado. Desde esa noche supe que sería suya para siempre. No puedo olvidar cómo me miraba, la manera de sostenerme por el talle; todo él emanaba esa firmeza y seguridad que necesita toda mujer. Me

sentía transportada en sus brazos cuando me llevaba bailando, como si fuera una pluma en sus manos fuertes y viriles. Y después en el jardín, contemplando la luna, me habló bajito al oído y me susurró: "Te quiero". ¡No pude hacer otra cosa que mirarlo a los ojos y dejarme besar!

En esos inicios fue todo maravilloso. Parecía un cuento de hadas. Después nació el niño y seguimos siendo la misma pareja feliz. No pasaba un día en que no me trajera flores; jugara con nuestro hijo o cabalgáramos juntos. En fin, la felicidad que toda persona anhela. Y, de pronto, un buen día, todo comenzó a cambiar.

"Primero fue una hora de más en el instituto durante varias semanas; después fue más y más tiempo. Al principio pensé que existía otra mujer; pero después me convencí de que no era así. Era una cuestión de trabajo. Pero era algo a lo cual dedicaba tanto tiempo y esfuerzo, que parecía le iba la vida en ello.

Y después vino lo de las investigaciones en casa. Mudó todo un andamiaje, y montó aquí su laboratorio. Entonces pensé que lo tendría más tiempo conmigo, pero fue todo lo contrario. Desde entonces, no deja entrar a nadie ahí.

Y la cosa empeoró después de la muerte de su padre. Intensificó más su trabajo, como un moribundo que se aferra a una tabla de salvación. Y aun después del regreso de la base, son incontables las horas que pasa en el laboratorio.

Si fuera yo sola lo soportaría mejor, pero está el niño de por medio. Ha crecido todos estos años, sin el cariño que su padre le dio en sus primeros años de vida. Próximamente es su cumpleaños, y Klauss no se da ni por enterado. Ya no sé cuánto tiempo hace que no le podemos celebrar una fiesta a Samuel como es debido.

Recuerdo el año pasado: todo el mundo en la fiesta, y él trabajando, sin salir ni a recibir a los invitados. ¡Esta vida se hace insoportable!

Vivimos como si estuviésemos divorciados, ¡hasta dormimos en habitaciones separadas!"

Una lágrima corrió por su mejilla.

"Y cada día se vuelve más grosero, no hay quien hable con él. ¡Cómo extraño aquellas palabras cariñosas!; ¡aquella ternura en la mirada, aquellos gestos galantes! ¡Cuánto deseo volver a vivir esos momentos de felicidad! Pero; ¿para qué pienso en eso? ¡Una persona no debe desear nada! ¡Los deseos no se cumplen!".

CAPÍTULO 19.

A Petroni se le había hecho muy difícil volver a contactar a Meltzer. Este se movía rara vez solo, y se encerraba en su casa y no salía para nada. Müller se burlaba, diciéndole que a semejante ermitaño tendrían que ir a sacarlo como a un ratón de su cueva. Y para lograrlo, el ex – jefe de la Gestapo proponía raptarle al hijo; obligándolo así a colaborar. Era como ofrecerle al ratón un queso, para sacarlo de su escondrijo y capturarlo. Sin saberlo, coincidía con el equipo de Zajarov en su estrategia, y esa convergencia era muy peligrosa; pues los dos equipos trabajaban en paralelo, pero seguían sin conocer uno de la existencia del otro, por lo menos hasta el momento.

Pero sólo el sentido común de Petroni lograba contener los ímpetus de Müller. En las condiciones en que se encontraban, no podían arriesgarse a semejante acto. Eso sería una locura, pues pondría en alerta a todos los servicios de seguridad de los Estados Unidos.

Según Petroni, una cosa era que el científico estuviese siendo espiado por ese mismo aparato de seguridad; y otra muy diferente si ellos le raptaran a su hijo. Entonces toda América se volcaría para localizarlos, y ellos estarían en un peligro inminente. Incluso con todos los espías dormidos que Hitler había enviado desde antes de la guerra, de los cuales la familia Meltzer era un buen ejemplo; no podrían esconder al muchacho durante mucho tiempo. Más tarde o más temprano; sucumbirían ante la avalancha de federales, y otras agencias gubernamentales dispuestas a todo para rescatarlo…

Meltzer o su mujer difícilmente sucumbirían a las amenazas de no llamar a la policía, so pena de atentar contra la vida del infante. Por su experiencia, la gente siempre hacía lo contrario; además de que ellos no tenían muchos escondites, donde pudiesen mantener al hijo sin ser detectados.

Una de las estrategias del italiano había sido no tener contactos con los agentes nazis *"dormidos"*; y mucho menos con el asignado a trabajar con Meltzer. No sabía a ciencia cierta cuán fieles se mantenían; y prefería estar aislado de ellos, para evitar cualquier imprudencia. Si quería obtener resultados, debía aplicar la máxima que le había enseñado a Mussolini: *"Si quieres que algo salga bien, ¡hazlo tú mismo!"*

El profesor Meltzer está almorzando. Cuando termina se levanta para retirarse a descansar.

La criada se acerca y le pregunta:

- Usted desea Señor, que llame al chofer para que lo lleve al trabajo?

- No pienso ir al trabajo. Prefiero reposar, para sentirme renovado por la noche para la fiesta que dará el Presidente.

Melzer se dirige a la escalera, cuando se escucha la campanilla de la puerta. La criada va presurosa; y cuando el profesor comienza a subir, ella se acerca y le entrega un sobre dirigido a él, que había depositado el cartero en el buzón.

La misiva no tenía remitente; pero el matasellos demostraba que había sido depositada en la ciudad, el día antes en la noche.

El doctor, intrigado, lo abre. El profesor observa que la misiva estaba escrita con una letra menuda y firme por ambas caras.

El texto era, en apariencia, algo tan trivial que daba risa. Pero el rostro del profesor se pone serio; pues sabe de qué se trata, y se estremece.

El profesor se dirige, entonces, hacia su laboratorio en el ala derecha de la casa y entra; cerrando con llave la puerta.

El profesor busca algo con mano temblorosa en su buró. Al cabo de un momento, encuentra lo que buscaba: una cartulina, del tamaño de una hoja de papel; la cual tenía pequeñas perforaciones rectangulares cada ciertos tramos.

El profesor coloca la hoja de la carta en su escritorio, y sobre ella la cartulina con los agujeros. En los espacios recortados quedaron palabras del texto que, al ser leídas de izquierda a derecha, ¡formaban un mensaje en clave!

Esa era la forma utilizada por Klauss, para comunicarse con su oficial de enlace de la inteligencia militar nazi. Desde que le fuera asignada la dirección de los sitios de Hanford y Oak Ridge, Meltzer había informado de ello al espía encubierto que lo atendía. Este, a su vez, había notificado inmediatamente al alto mando nazi; pues dicho ascenso encumbraba al científico en una posición de liderazgo muy ventajosa para Alemania, y ello constituía también una promoción para el oficial a cargo.

Tal fue la repercusión de este hecho, por la importancia de sus informes; que el Führer había ordenado le fueran entregados directamente a él; pasando por encima de Canaris, quien era el jefe de la Abwehr, nombre de la agencia de inteligencia militar alemana. Dicha orden fue cumplida al pie de la letra, por supuesto; creando cierta fricción entre Hitler y su jefe de inteligencia.

Cuando la confrontación entre Canaris y Hitler alcanzó niveles astronómicos; la Abwehr fue disuelta y sus funciones fueron entonces absorbidas totalmente por el Sicherheitsdienst, una oficina del comando de seguridad de las conocidas SS.

Sin embargo, Hitler permitió que Himmler estuviera al tanto de los informes de Klauss, sólo por la vinculación de éste último al frente del proyecto *"Uranio"*. Pero el Führer exigía seguir siendo el receptor de los reportes directamente. Y aunque Meltzer no firmaba sino con su nombre en clave, Hitler bien sabía de quién se trataba; y ello le traía los recuerdos más gratos de cuando se iniciaba por los caminos del Nacionalsocialismo.

Las cartas de Meltzer, conteniendo la información sobre los procesos con el uranio, eran remitidas por éste a su madre y hermana como correspondencia normal. Ellas, a su vez, *"visitaban a un viejo amigo"*; entregándole así al oficial de enlace la correspondencia de Klauss. ¡La familia en pleno, era un nido de víboras colaborando con el Tercer Reich!

En apariencia eran cartas baladíes, dirigidas a la familia, en las cuales Meltzer extrañaba los días *"soleados"* o la *"casa"* materna; y recordaba cuando en *"febrero del año 35"*, del *"38"* o del *"39"*, habían ido a determinado lugar…

Después, en la intimidad de su alcoba y amparado por las sombras de la noche; el espía colocaba sobre la carta, una cartulina semejante a la utilizada por Meltzer ahora, y extraía las palabras clave que conformaban el mensaje…

El término *"uranio"* era sustituido por *"soleado"* o *"radiante"* en la misiva; y *"plutonio"* era *"casa"* o *"domicilio"*. *"Febrero"* era el mes 2; y este número, unido al año, conformaba el isotopo 235, 238 o 239 del uranio o plutonio, del cual estaba hablando en ese momento, y así sucesivamente. Si necesitaba recibir alguna orientación; venía por la misma vía, pero en sentido inverso.

Toda la clave había sido cuidadosamente creada y revisada hasta la saciedad por los expertos nazis; y jamás despertó las sospechas de los servicios de seguridad norteamericanos cuando revisaban la correspondencia en el sitio donde los científicos gestaban la bomba.

¡La familia Meltzer trabajaba de incognito, y con gran orgullo, para el *"Reich de los Mil Años"* de Hitler!

A Hitler le habían divertido mucho los significados de cada palabra, cuando le explicaron la clave. Y aunque le dijo a Petroni no recordar el nombre del científico; le dio la vía de comunicarse con él, y le habló del oficial nazi que funcionaba como agente dormido.

El italiano, sin embargo, no había querido utilizar aquel mecanismo, por lo cual le había sido un poco más difícil ponerse en contacto con Meltzer; pues había obviado a su contacto y la vía de la familia. Quizás si los hubiese utilizado, Klauss habría colaborado…

No obstante, Müller no se sentía con la obligación de subordinarse al italiano; y, sin decirle nada, había visitado al agente de contacto del profesor.

Cuando preparó la huida de Hitler, había ordenado trasladar todo el material posible, susceptible de caer en manos enemigas; en un avión que salió la noche antes del supuesto suicidio del Führer del aeropuerto de Berlín. Toda la información clasificada como ultra secreta, había sido preparada meticulosamente; y había sido trasladada hacia la nueva sede de Hitler. Los nombres de los espías, la forma de contactarlos con todos los detalles, estaban entre lo salvado…

No coincidía con el italiano en cuanto a la forma de operar; y prefería tener aquella red dormida a su servicio, en caso de necesidad.

Una simple llamada telefónica hecha antes de salir de Argentina, dando el santo y seña adecuados; le había dado la información necesaria, sin despertar la más mínima sospecha a las operadoras telefónicas de ambos lados, quienes habían escuchado la conversación.

La visita al agente nazi había dado sus frutos. El hombre ni siquiera se inmutó al recibir a Müller, y había quedado con él en activar a todos quienes estaban bajo sus órdenes. Aquellos agentes despertaban como una araña al más mínimo temblor de su malla que, en este caso, ¡era el llamado de su Führer!

Increíblemente, sus fanáticos admitían como normal volver a oír de su líder supremo; y solamente el imbécil de Meltzer continuaba atrincherado en su posición. Si Petroni no lo hacía cambiar, adoptarían la variante *"fuerte"* propuesta por Müller…

Sentado en la intimidad de su laboratorio, Meltzer reflexiona y se rompe la cabeza.

"¿Cómo aparece de pronto esta misiva, así de forma tan inesperada? ¿Mi enlace nazi estará estableciendo nuevamente contacto, o habrá sido capturado por la OSS y estará colaborando con ellos? ¿Me estarán mandando, realmente, nuevas órdenes? ¡Qué situación tan desesperante! ¿Cómo podré saber si debo inmiscuirme, o si me estoy dirigiendo hacia un abismo si acepto colaborar?"

Meltzer extrae su agenda del buró. En ella, disimuladas como anotaciones triviales, aparecen las palabras clave que debe sustituir para interpretar el mensaje.

El profesor hace rápidamente la traducción del mensaje, y lee entonces el texto secreto.

"No hemos podido vernos más, y el tiempo apremia. ¿Debo informar al líder que se niega usted? De ser así, debe atenerse a las consecuencias".

El rostro del profesor se ensombrece y piensa:

"Así que esto lo escribió el individuo con quien me entrevisté en el bar. Él me prometió una muestra de su conexión con el mando nazi, y ahora la tengo. Porque solamente quien conozca a mi enlace, puede conocer esta clave. Pero; ¿será ciertamente esta una prueba? ¿No será todo lo contrario? ¿No significará esto que el oficial de enlace ha sido capturado por los americanos, y están probando a ver si yo soy el informante de Hitler?"

Meltzer se levanta y pasea por el salón. Se acerca a uno de los ventanales y continúa su análisis:

"Después de la caída de mi Führer; y de lo acontecido con Heisenberg, además de la captura de la "Casa de los Virus", cualquier cosa puede esperarse…"

Meltzer se para la mano por la cabeza y continua el hilo de sus pensamientos.

"El italiano me dijo que me estaban siguiendo, y he comprobado la certitud de este planteamiento. A través de las ventanas del laboratorio en la ciudad, he podido ver el chequeo puesto sobre mí; y eso me molesta en demasía. Mis perseguidores no se cuidan mucho…"

Y era cierto. Los agentes de la OSS conducían su chequeo sin mucha profesionalidad, pues consideran esta una misión de rutina. Sólo Harrison le había dado importancia a este chequeo por su habitual perspicacia.

Pero el profesor estaba molesto. Él había decidido, después de la muerte de su Führer, trabajar de lleno para los Estados Unidos, y lo iba a demostrar con creces. Los servicios de seguridad no tenían nada que temer. Si este italiano, Petroni, era una carnada puesta por ellos mismos para que confiara y se expresara libremente sobre su trabajo como espía, eso no iba a pasar.

En el supuesto caso de haber sido descubierto, el espía no debía haberles dado ningún dato importante. De lo contrario, ya estaría él ante un tribunal, acusado como le había pasado a Oppenheimer. Por tanto, no iba a ser tan estúpido de dejarse llevar por ese juego. Él no iba a ser tan ingenuo de caer tan fácilmente en sus redes.

Así, decidió que se enfrentaría a los jenízaros de la OSS. Si volvían a molestarlo, ¡actuaría de inmediato!"

CAPÍTULO 20.

Los invitados visten elegantemente en la sala del banquete; y mientras el Presidente Truman habla, los dependientes están situados a ambos lados del salón. Hay silencio total, y solo los guardias del servicio secreto se mueven imperceptiblemente de vez en cuando para posicionarse mejor. En ese momento el Presidente hace énfasis en sus palabras finales, terminando su discurso.

- … ¡Y que Dios los bendiga!

Los presentes se levantan con cerrados aplausos. El presidente Truman levanta su copa y hace un brindis. Después del brindis, da inicio el banquete.

El local está lujosamente amueblado. Las mesas de los invitados están repartidas por todo el salón, cada una con bellos candelabros de plata y sendas velas encendidas. Alrededor de las mesas, adornadas con rosas rojas< se mueven ahora presurosos los dependientes, con los diferentes platos para los comensales. Una orquesta toca una agradable música instrumental, amenizando el fastuoso espectáculo.

En una mesa algo alejada de la orquesta, pero cercana a la presidencial, se encuentran Meltzer y Harrison con sus respectivas esposas. Las dos mujeres hablan. La esposa de Harrison es también una mujer de unos 40 años.

- …Como te decía, querida Ann, tu vestido está precioso. ¡Te ves muy bien!

- Gracias Linda. En realidad, he hecho una proeza, porque Klauss me dijo hoy al mediodía lo del banquete, y te imaginas como he debido apresurarme.

- ¡Pobre de ti! Si me hubiese pasado a mí, no hubiera podido venir. Y más contando la distancia de tu casa a la ciudad. ¡Qué va; imposible! ¡No hubiera podido hacerlo!

Y con su comentario Linda mueve negativamente la cabeza.

- Pero ya ves, aquí estoy; y es que también me hacía falta venir; tener contacto con la civilización.

- Es verdad, porque ustedes apenas se muestran en sociedad.

Ann replica con tristeza.

- Es que Klauss no para de trabajar. Ni aun en la casa.

- El mío es por el estilo, sólo que en mi casa quien dice la última palabra soy yo, y de laboratorio y trabajo no se habla, por suerte…

Mientras las mujeres conversan, Meltzer y Harrison están sentados a la misma mesa. Los dos hombres conversan en un aparte, sin prestar atención a sus esposas:

- Estás más delgado, Klauss, y hasta se te nota algo pálido. Debes compartir más con los amigos.

- Sí, Arthur, pero ya eso llegó a su fin. Ahora me repondré, y verás cómo estaré mejor que tú.

El otro lo mira incrédulo y le dice sonriente:

- No seas pretencioso, pues la edad no te la quita nadie. Además, ¿cuál es la razón que te lo impedía, la cual ahora dices ha llegado a su fin?

- Pues terminé lo que considero la obra de mi vida.

- Bueno, eso hemos hecho todos los que estamos aquí. Precisamente el presidente nos da esta cena de honor, por haber culminado exitosamente los experimentos con el átomo. Eso creo, modestia aparte, se puede considerar la obra de nuestra vida. De nosotros se hablará, Klauss: ¡Pudimos llevarlo a la práctica!

Harrison le pone la mano en el hombro en señal de afecto. Meltzer le aclara.

- No me refería a eso. Si cuento nuestro logro común, entonces mi alegría es mayor. ¡Claro que se hablará de nuestro éxito! Sobre todo, ahora que está en manos adecuadas. Porque, a decir verdad,

Eisenhower no me hacía mucha gracia. Demasiado izquierdista y débil con el enemigo. Por eso, ¡qué Dios lo tenga en la gloria!

Meltzer sonríe despótico.

- No exageres. Es verdad que este presidente es más… ¿cómo llamarlo? ...

Arthur titubea buscando la palabra adecuada. Meltzer lo interrumpe:

- Le da su lugar a esta nación en el mundo. ¡Eso es lo que hacía falta! ¡No se puede tener mano blanda con el enemigo! Se debe ser implacable. Mira lo que le pasó al Führer por andarse con chiquitas con los rusos.

Sus ojos despiden chispas y su cara se contrae.

Al percibir el odio en su mirada, Harrison lo intenta calmar.

- Bueno, no te alteres. Ya conozco tus ideas; y son algo más profundas que las mías, por llamarlo de alguna manera. Pero no vamos a ensombrecer este día con una discusión puramente banal, pues en el fondo, te entiendo.

- Seguro. Si no, no hubiésemos podido colaborar todos estos años juntos. Estoy de acuerdo en que es una cuestión de forma. En esencia pensamos igual, de la misma manera que una gran masa en este país y en el mundo. A la gente se le debe encausar sus pensamientos adecuadamente; y, de esa forma, estarán contigo y compartirán tus ideas. En eso Hitler nos dio la pauta a seguir.

Harrison le responde con sonrisa forzada.

- Por supuesto, hombre. Pero dime, que me interesa; ¿en qué consiste esa *"obra de tu vida"*, como la llamas?

- Todos estos años he estado trabajando en ello, y ahora le he dado culminación en mi casa, en el laboratorio que monté allí, y…

Un hombre del servicio secreto se acerca a ellos y les dice:

- Permiso caballeros, el señor Presidente los solicita.

Ambos se miran y, pidiendo permiso a sus respectivas esposas, las cuales continuaron su conversación, se levantan. Meltzer se abrocha el saco, y camina con su andar altivo. Tiene un brillo extraño en los ojos, casi febril. Está contento pues sabe que recibirá la felicitación de Truman, pero él le tiene algo mejor.

Los dos científicos se acercan a la mesa presidencial. El presidente Truman se levanta sonriente y les extiende la mano.

- Doctores Meltzer y Harrison, quería extenderles mi felicitación personal a ustedes que, dentro de este colectivo de científicos, han dirigido especialmente los trabajos que culminaron con la aplicación práctica del átomo. Nuevamente nos hemos adelantado, y marchamos a la cabeza del mundo libre.

Truman levanta su copa y les dice:

- Caballeros, este es el momento de brindar porque, hombres como ustedes, continúen trabajando por el bienestar de América y del mundo.

Un dependiente se acerca presto y les ofrece sendas copas; las cuales ambos levantan sonrientes, bebiendo con presteza. Después Truman continúa:

- Espero les agrade este homenaje que hemos organizado. Como ven, estamos preocupados por estimular a quienes engrandecen nuestro país. Mucho más ahora, que tenemos a Stalin con los humos subidos por sus victorias en Europa; y aunque se haya unido a nosotros en las campañas militares, no está lejos el día cuando le podamos refrenar sus impulsos.

Y sonríe con sorna.

Harrison interviene.

- Así es señor. Por eso nos empeñamos en acelerar nuestro trabajo; pues basta ya que la gente de esa calaña se crea con derechos a ser iguales a nosotros, o a pensar que les tenemos miedo.

Harrison utiliza un poco la fraseología acostumbrada por Meltzer, para lograr más acercamiento a este.

El Presidente se pasa la mano por la solapa del saco; sonriendo y hablando en tono bajo:

- Pero hay algo más; y deseo, caballeros, que esto se tome en un sentido muy confidencial. Si lo hago, es por el grado de confianza depositado en ustedes. Queremos comenzar los trabajos, para los primeros prototipos de otra bomba; esta vez basada en la fusión nuclear. Esa será infinidad de veces más potente, según me han contado.

Los rostros de los tres hombres reflejan diferentes expresiones, donde se leen la connotación que cada uno le da a semejante noticia. Truman había sido orientado por Donovan de tocar el tema; con el objetivo de comprobar si Meltzer trataba de averiguar más detalles de ese proyecto, para después transmitirlos a un enlace, aunque sin decirle al presidente quién podía ser el supuesto destinatario. Era verdad que comenzarían los trabajos de una bomba de fusión nuclear; mas el objetivo de decírselo en este momento, era estimular en él el deseo de saber y así poder comprobar sus reacciones. O sea, jugaban una carta parcialmente verdadera, Y Klauss estaba tan imbuido en la conversación, que no se percató cómo el jefe de la OSS, situado muy cercano a ellos, escrutaba su rostro intensamente. Los ojos de Donovan pasan indistintamente de uno a otro de los involucrados en la escena. La tensión se siente en el ambiente. El profesor Meltzer muestra asombro y admiración. La voz le tiembla por la emoción.

- ¡No es posible, señor! Entonces… ¡la tendremos!

Truman sigue con el juego que le había orientado Donovan.

- Sí; y sin profundizar mucho, simplemente les diré que estén listos para ser llamados en cualquier momento.

- Entonces, señor; creo que ahora sí soy feliz completamente. Me acabo de convencer de una cosa: usted es el hombre que necesitamos, ¡Lo exige la humanidad!

- Gracias doctor Meltzer, pero no es para tanto; ¡la gloria es suya!

Truman se siente halagado por la adulonería de Meltzer; quien, sin embargo, expresa sinceramente sus sentimientos cuando dice.

- Pero sin su decisión; sin su capacidad de dirigir, de no andarse con paños tibios, no hubiera escuchado esta noticia que es como un bálsamo para mis oídos. Tiene que empezarla pronto, señor presidente; ¡debemos comenzar ya!

Truman interviene.

- Un momento, doctor Meltzer. No se apresure, todo a su tiempo. Muy pronto le daré la sorpresa.

- La sorpresa se la voy a dar yo, señor. Tenía pensado no decírselo todavía; pero usted, como líder indiscutible del mundo libre, va a recibir mi regalo. Es el sueño de toda mi vida, en el cual he estado trabajando secretamente todos estos años: ¡*"La máquina de los deseos"*!

Klauss se inclina hacia adelante; y mira de frente al presidente, presa de un fervor y un apasionamiento inusitados.

El presidente lo interroga con una expresión de extrañeza.

- ¿De qué habla, Meltzer?

Meltzer, excitadísimo, le replica a Truman.

- Como lo oye, señor. Todos estos años he trabajado en secreto, para construir una máquina que le concede los deseos a quien la maneje. ¡Con ella se puede dominar el mundo!

El Presidente interviene, y en su cara se nota el disgusto.

- Oiga, Meltzer No quiero que me tome el pelo. Me parece que debería usted leer menos novelas de Julio Verne.

- Le digo señor que no estoy bromeando. Lo respeto mucho para eso.

La contrariedad asoma al rostro del científico cuando dice.

- Se la voy a llevar a su oficina, y usted mismo la probará.

- No estoy para esas tonterías, doctor.

Meltzer grita alterado.

- ¿Ah, no me cree? ¡Pues sepa que la segunda bomba la lanzó adelantada porque yo se lo mandé! Usted la tenía programada para el día 11 de agosto, ¡y la lanzó el 9! ¿O me va a negar eso?

Truman no sabe qué alegar ante semejante planteamiento, mas no quiere quedar en ridículo delante de la gente. Varias miradas curiosas se dirigen hacia ellos, de las cuales Meltzer es el único que parece no darse cuenta.

Truman alega por lo bajo, para no atraer más la atención de los presentes:

- Mire profesor; Usted no conoce las interioridades de un cargo político, ni las razones que pueden llevar a tomar una decisión. Yo no voy a darle ahora detalles, que pueden ser de seguridad nacional.

- Entonces, si no lo admite, ¡va a oír muy pronto de mí y de mi invento!

Meltzer se levanta y, atravesando el local como un bólido; sale por la puerta, dejando a todos boquiabiertos.

Ann, su esposa, quien continuaba a la mesa con Linda, al verlo salir en aquel estado; murmura una disculpa y sale tras él. Donovan se acerca a la mesa presidencial, totalmente asombrado de cuanto acaba de oír. Al igual que Truman, cree que el científico ha enloquecido. Ambos intercambian una mirada de incredulidad.

Harrison, quien ha observado la escena todo el tiempo en silencio, le dice al Presidente:

- Le ruego disculpe al doctor Meltzer, señor.

Truman responde contrariado.
- Sí. Parece que bebió unas copas de más…

CAPÍTULO 21.

Klauss entra como una exhalación en su casa, y se dirige al laboratorio. Allí se quita el saco para estar más cómodo; lo tira sobre una silla, y se sienta en la silla del escritorio donde tiene los planos de la máquina. El científico revisa mecánicamente todos los esquemas, mientras piensa en lo acontecido con el Presidente.

"Es evidente que no me cree, pues a nadie se le ocurre pensar que se pueda inventar semejante aparato. Pero se lo demostraré; y además lo pondré enteramente a su servicio. Aunque, a decir verdad; después de lo ocurrido no debería darle nada... Bueno, se la daré; pero con los planos me quedaré yo. Los pondré a buen recaudo, y nadie podrá construirla. ¡Ese será mi secreto! ¡Ja, ja! ¡Qué feliz soy! Ahora, ¡a preparar la máquina para probarla de nuevo!"

En sus ojos hay un brillo salvaje.

El científico se vira hacia el dispositivo y lo contempla. Se recrea en los detalles de la máquina. Es un equipo rectangular, en algo parecido a las victrolas de los bares; con una pizarra llena de botones y palancas; cada una con una función que sólo él conocía. Sobre la máquina hay un casco, con una gran maraña de cables.

Meltzer agarra un destornillador de una gaveta, y ajusta algunos detalles en la parte trasera del equipo. Después se sienta delante de la máquina, la enciende; toma el casco y se detiene pensativo.

"Y ahora, ¿qué deseo?"

Ann, su esposa, ha entrado tras él en la casa. Mientras ella se encamina despacio hacia su cuarto, va pensativa. Su rostro está preocupado.

"No puedo soportar la vergüenza sufrida en la cena; donde tanta gente de la alta sociedad y prominentes científicos amigos de Klauss, han quedados petrificados al ver la actitud de mi marido.

Yo tuve que salir prácticamente corriendo, para darle alcance; y dentro del auto conminaba al chofer a arrancar de inmediato. Durante el viaje no habló ni media palabra, y sólo murmuraba entre dientes: "Ya verá cuando la vea, ya verá". Y así hasta llegar a la casa; a donde ha entrado dirigiéndose hacia su laboratorio, y dando un portazo al entrar".

Ann va subiendo las escaleras que conducen a su habitación. Va despacio, como si los pies le pesaran. Su rostro está triste. Continúa pensando.

"Al verlo dirigirse ahora hacia el laboratorio; se desvanecieron las ilusiones que me había forjado, al verlo en la cena algo distinto a su manera habitual, tal y como era hace años. De un estado de ánimo, se diría que hasta alegre; cambió para ser de nuevo un huraño y un grosero".

Ann va casi arrastrando los pies; y cuando va a abrir la puerta de su cuarto, su hijo Samuel asoma la cabeza por la puerta del suyo. El pasillo esta levemente iluminado, y ambos tienen aspecto fantasmal ante la mortecina luz.

- ¿Qué pasó mamá? ¿Y ese ruido?

- Nada Samuel, fue tu padre; que tiró la puerta del laboratorio al entrar en él.

- Pero, ¿va a trabajar ahora?

- Sí. ¿De qué te extrañas?

Ella se le acerca y le acaricia la cabeza. Después prosigue:

- Tú sabes que eso es normal en él.

- Pero como los vi salir de paseo, pensé…

- ¡Ay Samuel!, pero tu padre es así…

Ann suspira, y una lágrima asoma a sus ojos. Después, recuperándose, le dice al muchacho:

- No te preocupes por eso; acuéstate, pues mañana debes ir a la escuela. ¡Y revisa tus tareas para no dejar nada por hacer! ¡Mira a ver cómo te portas, que tengo suficientes problemas, para que me estén llamando de la escuela por tus incumplimientos!

- Esta bien, mamá.

Y diciendo esto, el muchacho la besa y entra a su habitación.

Ann suspira profundamente, y se dirige a su cuarto; sin percibir que su hijo sólo ha entrecerrado la puerta de la habitación. Samuel apenas escucha a su madre entrar al cuarto, sale en puntillas. Se acerca a la habitación de su progenitora con cuidado, y escucha unos sollozos ahogados.

Samuel está tentado está de entrar a consolar a su madre; incluso pone la mano en el picaporte para abrir, pero recuerda en ese momento la misión que se ha planteado…

"No me debo detener ahora, aunque me da mucha pena con mi madre; pero mi misión es más importante para mi futuro. Debo averiguar en qué consisten los trabajos de mi padre en el laboratorio de la casa, y por qué los lleva a cabo con tanto secreto. Debo aprovechar ahora en que seguramente mi madre no saldrá de su habitación."

El muchacho se aventura a ir de puntillas y bajar la escalera. Caminando siempre con cuidado, se dirige hacia el ala derecha de la casa. Mientras camina, va pensando:

"Esta parte de la casa siempre me ha estado vedada en mis juegos y travesuras, e incluso los criados no pasan hacia acá para no molestar a mi padre. Dos veces a la semana, y en su presencia, una mucama realiza la limpieza del local; pero nadie se atreve a interrumpir, ni a pasar sin permiso hacia esta área."

"Esto me da una ventaja: al haber oído entrar a mi padre con semejante estrepito, los criados no se moverán de sus habitaciones; a menos que fuesen llamados, lo cual difícilmente ocurrirá."

Sigue avanzando sin hacer ruido, para no llamar la atención de quien único podía oírlo: su padre.

Cuando llega a la punta del pasillo, al final del cual está el laboratorio, Samuel tiembla con un escalofrió que le recorre el espinazo. Esta área está a media luz y también tiene aspecto fantasmal.

"Esta parte de la casa se me antoja lúgubre, con cierto aire tétrico. Quizás influya en ello el temor a lo desconocido... Pero debo sobreponerme...

Se da ánimos a sí mismo y continúa:

"Los resultados de mis investigaciones bien pueden ayudar a que mi madre no sufra tanto."

Samuel avanza aún más; y, para asombro suyo, ve la puerta del laboratorio entreabierta. Su primer impulso es alejarse de allí. Teme mucho a la ira de su padre. Pero después piensa:

"Puede que, con el tirón recibido, la puerta no se haya cerrado correctamente, quedando así. Esa debe haber sido la causa. No he oído a mi padre volver a salir del laboratorio... Pero..., ¿y si es al revés? ¿Y si mi padre se prepara para salir?, ¡Me sorprenderá infraganti!"

El muchacho se acerca más a la puerta; pero no se oye ningún ruido.

La boca de Samuel está crispada por el miedo, y siente el sonido de su corazón; el cual golpea violentamente, como si se le fuera a salir del pecho. La cara del muchacho refleja temor.

Samuel se pega a la puerta, y trata de escudriñar por la rendija. Observa una silla cuando es arrastrada brevemente por el entarimado del suelo para ser reacomodada, lo cual indica que su padre se halla dentro.

La mano del muchacho tiembla al empujar un poco más la puerta, con el objetivo de lograr un mejor ángulo de visión. Las venas de las sienes están latiéndole salvajemente, mientras va asomando la cabeza por el resquicio. La luz que sale por la hendija esta de lleno en su rostro.

En ese momento una mano, con un pañuelo mojado en cloroformo, le tapa al muchacho la nariz y la boca. Un hombre con pasamontañas y vestido de negro, sostiene a Samuel para que no caiga. Otros dos, vestidos igual, penetran sigilosamente en el laboratorio y adormecen por la misma vía al científico; el cual no los escucha, pues está totalmente concentrado con su casco puesto sobre la cabeza, y a punto de hacer trabajar la máquina.

Los desconocidos abren después la puerta de acceso al jardín, para sacar por ahí los dos cuerpos inermes. Pero, en ese momento; uno de ellos observa con detenimiento la máquina y los esquemas. El cuerpo del profesor está aún con el casco puesto; y sobre el escritorio están los planos con el nombre de *"Máquina de los Deseos"* escrito. Los ojos de águila del individuo enmascarado se concentran en ello, lo que demuestra que ambas cosas son lo suficientemente interesantes como para atraer su atención.

Mas los otros lo conminan con un gesto. Dejando todo como estaba, salen afuera. El que prestó atención a la máquina, como era el más fuerte de los tres, lleva sobre sus hombros a Samuel; mientras los demás trasladan a Meltzer.

Los enmascarados salen del laboratorio amparados en las sombras, y se dirigen hacia la parte trasera del amplio jardín. Los individuos, llevando a Meltzer padre e hijos sedados; se acercan a la parte trasera de la valla perimetral, por el lugar indicado para la entrada de servicio.

El enmascarado que lleva a Samuel sobre sus hombros, se dirige hacia el portón doble de la misma.

Previo al asalto, habían forzado la cerradura con una ganzúa; y después habían adormecido a los perros de Meltzer, quienes se acercaron corriendo al escuchar el ruido. Los dos guardias de seguridad; quienes debían patrullar el perímetro de tiempo en tiempo; pero no lo hacían, confiados en que los animales hacían dicha labor. Ambos se encontraban, en ese momento, charlando animadamente en la caseta de la entrada principal.

Los enmascarados llevan los cuerpos; y se acercan a un auto estacionado en ese lugar. En el auto, el chofer permanece sentado sin moverse. Los ojos de serpiente del que está cargando a Samuel, que es Zajarov; llamean por la tensión al percibir peligro. Su mente trabaja aceleradamente.

"Aunque el chofer está enmascarado y vestido de la misma manera que nosotros, mi bien entrenada mente me dice que algo está mal: ¡El hombre debía haber puesto en marcha el motor al vernos!"

El auto está parado del otro lado de la carretera, cerca de la cuneta y al lado de la verja de la casa. Del otro lado se observa un tupido bosquecillo. Actuando con naturalidad; Zajarov abre la puerta trasera del lado del chofer, y coloca a Samuel en el asiento. Después entra al auto como para acomodar mejor al muchacho; y supuestamente para ayudar a los otros a meter el cuerpo inanimado de Meltzer.

Zajarov cuando se encuentra dentro del auto y sin esperar a que metan al científico; salta sobre el chofer y le pone su puñal en el cuello, hablándole en ruso.

La respuesta es una mano, bien entrenada y fuerte como una garra de gorila, que aparta el cuchillo y se vira contra él como una serpiente. Mas Zajarov está preparado, aunque nunca esperó una respuesta tan rápida y contundente.

Su mano izquierda asesta un contundente golpe de karate al mentón del oponente. Como la puerta trasera había quedado abierta; salta fuera del auto. Grita a los otros hombres encapuchados para que se pongan a cubierto; y cuando aquellos sueltan el cuerpo del científico, dos descargas, bien dirigidas desde posiciones ocultas en la espesura, los ultiman.

El hombre que se había colocado como chofer, se enreda en abrir la puerta delantera del auto; lo cual le da ventaja a Zajarov. Los disparos habían salido del bosquecito situado al otro lado del camino, con lo cual Zajarov deduce que sus enemigos están emboscados entre la maleza aledaña a la vía. Él está agazapado, escudándose en la protección que le ofrece el carro.

Su mirada va de los cadáveres de sus hombres hacia el que sale del auto, y de ahí al bosque. Zajarov hace velozmente un análisis mental de la situación, y de las posibilidades de escapatoria.

Dispara continuamente hacia el hombre que intenta salir del auto, obligándolo a irse por la otra puerta. Zajarov agarra entonces el cuerpo sin vida de uno de sus *"estrellas"*; y, cubriéndose con él; sale de detrás del auto y comienza a disparar hacia el bosque y hacia el supuesto chofer.

Había hecho un análisis mental acerca del ángulo de caída de sus agentes; y realiza, por instinto, varios disparos con su pistola hacia donde habían partido las balas. Cuando se le acaban las balas de su pistola; coge otra que lleva en la parte de atrás de su cinto, y sigue disparando sin cesar. El llevar dos armas le salva la vida.

Manteniendo un fuego constante sobre sus enemigos, logra llegar él también a los arbustos del borde del camino.

Como la noche no es clara, ello le sirve de protección. Suelta el cuerpo que lo protege; y corre entre los árboles, tratando de poner todo el espacio posible entre él y sus atacantes. No obstante, donde no pueden actuar las balas, hablan las armas blancas. Un puñal bien dirigido, lanzado con precisión aterradora, se le encaja en su antebrazo izquierdo; y, si no le alcanza en el cuerpo, es porque había corrido en zigzag para evitar ser blanco fácil.

Zajarov corre durante un tiempo atravesando la foresta. Después se detiene y escucha con calma. Pero no se oye ningún ruido.

Es un momento de mucha tensión. Zajarov decide permanecer escondido por un rato más. Al parecer los atacantes no lo han seguido. Al comprobar que no hay persecución, se dispone a continuar cruzando los campos circundantes. Recuerda los mapas estudiados de la región, cuando organizaban el rapto; y sabe que no está lejos de llegar fácilmente hasta alguna carretera.

Zajarov revisa la herida del antebrazo. Aunque profunda, no ha interesado ningún musculo ni arteria vital importante. Se arranca el cuchillo del brazo. Como lleva mangas largas, la tela ha absorbido la sangre durante la carrera, evitando dejar un rastro. Se venda la herida rústicamente con un pañuelo, y analiza el puñal. Mirándolo con detenimiento; ve que es de los usados por las tropas especiales de varios países. Se queda pensativo.

Se agacha nuevamente para ver si alguien lo sigue. Repasa mentalmente lo ocurrido, y se pregunta:

"¿En qué pudimos haber fallado? Durante varios días establecimos un chequeo sobre el científico, y hasta detectamos a los OSS en su labor. Eso me preocupó inicialmente, mas no podíamos detenernos ante semejante obstáculo: en caso necesario, podíamos eliminarlos

para cumplir nuestra tarea. Aunque realmente los OSS estaban llevando a cabo su inspección del objetivo sin mucho cuidado, y no parecían haberse dado cuenta de nuestra presencia. O al menos eso es lo que aparentaban..."

Zajarov vuelve a mirar hacia todos lados, para verificar que todo está tranquilo. Después continúa el hilo de sus pensamientos.

"Habíamos programado todo para realizar este día el secuestro del científico. La fiesta con el Presidente era el marco propicio para distender los ánimos, y relajar la vigilancia de sus espías OSS."

Los ojos de Zajarov se achican al concentrarse sus pensamientos intensamente.

"Nosotros vimos que los OSS partieron tras Meltzer cuando este salió de su casa para la fiesta. Los seguimos con discreción; y al ver salir el doctor intempestivamente del banquete, comprobamos que su "cola" no regresó con él.

Cuando estuvimos verdaderamente seguros de ello, vinimos directamente hacia la casa; entramos por la parte trasera, neutralizamos a los perros y raptamos al científico y a su hijo. Entonces, ¿quién nos ha atacado?"

Otea nuevamente el bosquecillo sumido en la oscuridad, pero nada ni nadie perturba la tranquilidad. El ruso suspira profundamente y continúa razonando:

"¿Habrán sido los OSS quienes nos atacaron, al recibir orden de volver a montar guardia en casa del profesor? Pero ellos siempre se establecen en la parte delantera de la mansión, desechando la salida de servicio. Por otra parte, aun en la oscuridad de la noche, y en medio del tiroteo y la tensión,

Me ha parecido ver una figura conocida. ¿Es mi subconsciente quien me está jugando una mala pasada; o era verdaderamente la silueta de uno de los mellizos del suceso en el barco, la que he visto recortada contra la luz?"

"No quiero ni pensar que este fracaso bien puede costarme la vida, pues Beria y Stalin no perdonan el más mínimo desliz. Pero, por otra parte, aún estoy vivo; y ello me da fuerzas para no cejar en mi empeño para cumplir la tarea encomendada. Por el momento no informaré a Moscú de la muerte de mi equipo. Los norteamericanos nunca podrán rastrearlos, pues ninguno lleva consigo documentos de identificación; y aunque estos eran los mejores, hay otros a quienes recurrir. Sólo será cuestión de tiempo. Mantendré la vigilancia sobre el doctor, ahora con más cuidado, pues no quiero volver a caer en una trampa; y de cazador, salir cazado.

Me dirigiré hacia la estación de trenes de la ciudad, donde se encuentra la casilla en la cual tengo documentos con distintas identidades y dinero. Después de cambiarme de ropa, permutaré hacia otro escondrijo. La casa ocupada hasta entonces puede tornarse peligrosa, pues después de lo ocurrido no sé si está bajo chequeo."

Se levanta. Mira a todos lados y echa a andar. Continúa pensando:

"Y ahora que lo pienso, me recuerdo de lo que vi en casa de Meltzer. La imagen de los esquemas vistos en el laboratorio de la casa; y ese nombre de la máquina escritos en ellos, me han dejado pensando. El científico puede tener un carácter de mil demonios y ser un autosuficiente; mas la KGB ha estudiado su historial, y sabe que no es ningún improvisado. Es una eminencia en su campo, y esos planos bien pueden estar ligados a algún otro descubrimiento que no ha sido dado a conocer todavía."

"Debía haberlos tomado; mas después me dije que el doctor podría reconstruirlos en Moscú, y por eso los dejé, ante la premura con que me conminaba uno de los miembros del equipo. Ahora; después

de este fracaso, bien valdría la pena regresar en otro momento para verlos en detalle. Ello bien podría servirme como salvoconducto para mantenerme vivo, si les presento a Beria y Stalin un logro semejante..."
Pensando en ello, y manteniéndose oculto, continúa su marcha y se lo traga la noche…

CAPÍTULO 22.

El auto continúa parqueado en la carretera, al lado de la cuneta. La cerca de la propiedad está del otro lado de la calle. El profesor Meltzer se despierta, y se sorprende al encontrarse en la parte trasera de un auto desconocido. A su lado está Samuel su hijo, el cual continúa adormilado.

El científico mira su reloj, y se percata que no había pasado mucho tiempo desde la llegada a su casa procedente de la fiesta del presidente. Hace un gesto porque le duele la cabeza, pero aun así se recupera y mira hacia los lados.

Fuera del carro, están paradas unas personas discutiendo. El científico se despereza y abre la portezuela. Los hombres se vuelven al escuchar el ruido, y Meltzer reconoce entre ellos al italiano Petroni. Este se dirige rápidamente hacia él; cortando en mitad la conversación que sostenía con los otros hombres, y le dice en alemán:

- Volvemos a vernos, profesor. Si no hubiese sido por nuestra intervención, ahora estuviese en manos de los comunistas rusos. Mire para allá…

Petroni le señala tres cadáveres al costado del camino. Después continúa:

- Parece que el Kremlin está tan interesado en usted como nuestro líder. Ha llegado la hora de escoger: si continúa en su empecinamiento, no podré contener más a mis acompañantes…

Petroni los señala. Después prosigue:

- Me veré precisado a llevármelo por la fuerza. Tenemos órdenes precisas, y el tiempo apremia. Si accede, le aseguro que no se arrepentirá. Usted será destinado a trabajar en la continuación del programa nuclear del Tercer Reich, y se le colmará de todas las comodidades, como corresponde a un científico de su categoría. Tiene usted la palabra del Führer.

Como Meltzer todavía está medio atontado por el anestésico utilizado para adormecerlo, se queda mirando algo alelado a Petroni. Su vista pasea por los cuerpos sin vida; y el italiano, pensando en reforzar su imagen de rescatador ante el profesor, agrega:

- Hacía días los estábamos siguiendo…

Petroni lo mira fijo y piensa:

"En este punto estoy mintiendo. En realidad; detectamos a los rusos sólo en este momento, cuando nosotros también nos dirigíamos a raptarlo…"

Después continúa dirigiéndose al profesor.

- Debemos reconocer que trabajaron impecablemente. Abrieron la puerta de servicio sin forzarla; y neutralizaron a sus perros, poniéndolos a dormir. Al parecer su intención era raptarlo a usted junto a su hijo. Seguramente querían chantajearlo con la vida del muchacho, obligándolo así a trabajar para el Kremlin.

Petroni piensa nuevamente:

"La estrategia del equipo ruso no difiere de la de Müller. ¡Evidentemente todos los sicarios piensan igual! Nada tan diferente como trabajar con limpieza, y recurrir a la violencia y al chantaje sólo cuando no quedaba más remedio; pero nunca utilizar esos métodos como primera alternativa".

Después prosigue:

- Usted se ha convertido en un punto de referencia muy importante, señor Meltzer.

El profesor ya se muestra más recuperado, y con su habitual suspicacia pregunta:

- ¿Y cómo sabe que eran rusos?

Petroni responde:

- Inicialmente no estábamos seguros. Mientras los otros penetraban en su casa; ultimamos al chofer de su auto y mi hombre lo sustituyó al timón, pues intentamos que no se percataran de nuestra intromisión para no ponerlos en peligro a ustedes. Pero no pudimos interrogarlo.

Cuando ellos llegaron transportándolo a usted y a su hijo; confundido por la oscuridad, y pensando que pertenecíamos a su comando, uno de ellos se dirigió en esa lengua a mi guardaespaldas…

Petroni señaló a uno de los dos jóvenes mellizos alemanes. Después prosiguió:

- A duras penas logró escapar cuando se percató de su error.

Aunque Petroni no lo puede distinguir por la oscuridad, por la mirada de Meltzer pasa un destello de satisfacción. El profesor piensa:

"Este Petroni está jugando conmigo… ¡No le creo una palabra!"

Pero no refleja nada en su rostro y le pregunta entonces al italiano:

- ¿Qué debo hacer, según usted?

- Prepararse. No creo que los enemigos estén en condiciones ahora, de intentar nuevamente un rapto. Le daremos tres días para arreglar sus cosas personales, y después deberá partir con nosotros. Su esposa e hijo no podrán seguirle, por el momento, a donde usted va. Después; si sus resultados lo avalan, podrán unírsele.

- Está bien, acepto

Aunque sus palabras no lo reflejan, sus pensamientos distan mucho de obedecer a Petroni.

En ese momento se les acerca Müller, y le dice al doctor en un tono que no admite réplica:

- Se reunirá con nosotros a las diez de la mañana del veintitrés, en la estación central, y allí tomaremos un tren con un rumbo que después le definiremos. Usted debe ir ligero de equipaje, y esperará junto al estanquillo de la prensa a nuestro contacto. No intente nada descabellado; pues recuerde que tiene esposa e hijo, quienes pueden pagar por cualquier intento de hacerse el listo.

Petroni lo mira con un gesto de desagrado, pero prefiere no reprenderlo delante del científico.

Meltzer se queda mirando a Müller. El tono autoritario de este, y su perfil Ario a contraluz; lo hacen reflexionar. Su subconsciente vuela hacia la época, cuando vio a este hombre en el despacho del Führer muchos años atrás… ¿O se equivoca…?

Meltzer se dice para sí:

"Debo estar equivocado. Entre el efecto de la droga y la oscuridad, lo debo haber confundido. No debe ser el mismo. La prensa ha declarado que "Gestapo" Müller está desaparecido, pero no va a ser tan imprudente de venir a los Estados Unidos…"

Después agrega en voz alta:

- Está bien; no hacen falta las amenazas. Y puede que sepan de mí antes…

Meltzer responde con un dejo de seguridad y confianza en la voz, que Petroni malinterpreta. El italiano agrega algo más, antes de que Meltzer se marche:

- Disculpe profesor, pero no hace falta narrar a nadie lo ocurrido aquí esta noche. Los disparos no pueden haberse oído, ya que todas las pistolas poseen silenciador; y, en cuanto a los cuerpos, de inmediato daremos buena cuenta de ellos. No queremos atraer a curiosos por acá.

El científico lo mira y no responde. Pero las palabras del italiano; refuerzan su versión de que aquello no era más que un burdo montaje. El científico piensa:

"Seguramente los cadáveres no son de ningún enemigo; y a lo mejor, son unos maniquíes puestos para lograr el efecto. ¡Y hasta seguramente han buscado a un actor, parecido a Müller, para hacerme tragar la píldora!"

El profesor va hacia el auto y despierta a duras penas a Samuel, llevándoselo casi a rastras hacia la casa. Petroni lo observa y lo deja hacer. Prefiere no ayudarlo, para no entrometerse más en su vida.

El italiano da órdenes a los gemelos de recoger los cadáveres, para no dejar huellas de lo acontecido. Mientras lo hace, piensa:

"No vale la pena atraer la atención de la policía; el FBI, o la propia OSS sobre Meltzer, ahora que está próximo a partir con nosotros hacia su nueva ubicación.

Después que los cadáveres fueron ubicados en el auto del comando soviético; uno de los gemelos guardaespaldas toma el timón, mientras el otro se acomoda a su lado.

Petroni se acerca a la ventanilla y les dice:

- Encárguense de desaparecer los cuerpos. Ya los revisé, pero no tienen nada importante. Al igual que nosotros; sus identidades son totalmente falsas.

Petroni y Müller montan con ellos. El auto avanza durante un tramo, hasta detenerse algo más adelante. Los dos jerarcas descienden, donde el grupo nazi había dejado su auto.

El italiano se dirige al mismo, y ocupa el asiento del timón mientras piensa:

"Voy a manejar, no tanto porque me corresponde por estar en menor nivel jerárquico, sino porque prefiero estar ocupado para no tener que hablar con Müller".

El auto nazi avanza, y sigue de cerca al que había pertenecido al comando ruso. Parten, para después encontrarse todos en su refugio…

CAPÍTULO 23.

El italiano estaba confiado. Las cosas habían salido mejor de cuanto esperaba. Como él no estaba fichado, ni era perseguido; mientras Müller y sus mellizos guardaespaldas se habían hospedado en una discreta pensión de la ciudad, él había "casualmente" elegido el famoso hotel donde se llevaría a cabo el banquete con el Presidente Truman.

Había contactado a un dependiente del salón donde se produciría el mismo; y este había aceptado trabajar como informante para él, a cambio de una generosa suma de dinero.

La tarea no le pareció al hombre en nada sospechosa ni peligrosa para el país. Debía simplemente observar durante la fiesta a Meltzer y a Donovan, el jefe de la OSS; y reportar a Petroni cualquier acontecimiento importante o cambio en sus procederes. Para no levantar sospechas, el italiano se presentó como investigador privado. Le explicó que las mujeres de ambos lo habían contratado para vigilar a sus maridos; pues ellas tenían amantes, y no querían ser sorprendidas cuando estaban entreteniéndose.

Pero en el seno de la OSS había cambios en la política hacia Meltzer. Los informes de días anteriores de Harrison no denotaban ninguna actividad sospechosa del profesor. Mantenía su rutina de trabajo, y no había sido percibido ningún intento de contacto desde o hacia él. Y la actitud asumida por este durante el banquete, conjuntamente con sus palabras al Presidente; habían descartado, en cierto modo, las sospechas de Donovan. El jefe de la OSS no creía realmente en la supervivencia del Führer de toda Alemania. Veía en Meltzer, sobre todo, a un fanático de ideas pro hitlerianas; pero nada peligroso, y mucho menos espía. Si por eso fuera, debían investigar a casi todos los blancos racistas de los estados del sur; quienes formaban organizaciones xenófobas como el Ku klux klan. Había estado observando a Meltzer durante la fiesta, sin que este se percatara; y no consideró necesario hacer seguir al científico de regreso a su casa. ¡Jamás imaginó allí pudiese desarrollarse un drama como el acontecido!

Sin embargo; disimulados como dos clientes en un bar cercano al hotel, los escoltas de Müller esperaban órdenes. Este último se encontraba en la casa donde se había hospedado, encubriendo su identidad bajo un maquillaje y ropas diferentes a sus habituales; para no llamar la atención, y a la espera del aviso del italiano.

Petroni se encontraba disfrutando plácidamente de un buen scotch y un habano en el bar del patio del hotel, cuando el barman le informó que tenía una llamada por el teléfono interno. En pocas palabras el informante, hablándole desde el aparato del salón del banquete, le comunicó lo ocurrido. El italiano apuró el trago y salió al lobby, a tiempo para ver la partida intempestiva de Meltzer. Pudo comprobar cómo el *"séquito"* de éste recibía la orden de Donovan de no seguirlo; y cuando salió a la calle, también pudo ver, por primera vez, a otro equipo salir detrás del profesor. ¿Quiénes serían estos hombres? Porque, de lo que sí estaba seguro, ¡era que no pertenecían a la OSS!

Así, avisó a los cerberos alemanes; y todos unidos al ex jefe de la Gestapo, siguieron discretamente a los desconocidos perseguidores, sin sospechar cuál era su identidad. Cuando los vieron dirigirse a la parte trasera de la casa, recelaron de sus intenciones; y, dando un rodeo, escondieron su auto en la maleza y llegaron hasta los árboles del borde del camino sin ser detectados. A la difusa luz de la noche, pudieron ver a los miembros del comando entrar a la casa.

Uno de los gemelos eliminó limpiamente al chofer del comando; y se transmutó, ocupando su lugar a la espera del desarrollo de los acontecimientos. Permanecían en la incertidumbre en cuanto a la identidad del grupo, y sólo las palabras de Zajarov les descubrieron que eran rusos. Realmente ellos también pensaban raptar a Meltzer esa noche, pues Petroni ya había cedido a las presiones de Müller de aplicar la fuerza.

Pero la intervención de los rusos les hizo cambiar de táctica. Acordaron sólo neutralizar a los soviéticos, pensando de esa forma ganarse la confianza del profesor. De ahí la discusión que mantenía con Müller al despertarse Meltzer de su letargo. Una vez más impuso su criterio, y el alto jefe nazi le dejó por incorregible. Y el italiano se marchó, creyendo que había logrado su objetivo con el profesor…”

CAPÍTULO 24.

Ajena a todo lo acontecido en su casa la noche anterior, Ann entra a la habitación de Samuel para despertarlo y que vaya a la escuela; pero éste se queja de tener mucho dolor de cabeza, y le pide quedarse a descansar. Ella titubea; mas viendo que realmente tiene muy mal aspecto, accede, y el muchacho se queda dormido otra vez…

Cuando Samuel se despierta más tarde, observa por la ventana que ya está bien entrada la mañana. Se asea y se viste; y desciende hacia la sala, pero no ve a nadie. La casa parece desierta.

Al dirigirse a la cocina, Samuel mira en dirección hacia la puerta del laboratorio de su padre. Le viene a la mente su última acción de la noche antes, cuando había abierto la puerta para observar mejor a su progenitor; y después se le había nublado la vista.

Su rostro refleja una concentración intensa, tratando de repasar mentalmente para ver si recuerda algo, mas no le viene nada.

Rememorando la noche anterior, recuerda haber estado semi inconsciente; y de cómo su padre lo llevaba casi a rastras hacia la casa, y ambos suben medio atontados las escaleras. El rostro de Samuel refleja curiosidad y, mirando hacia todas partes para no ser sorprendido, se acerca con cautela de nuevo al laboratorio. Mientras lo hace va pensando:

"No quiero provocar la ira de mi padre, mas lo sucedido anoche cuando sentí que me adormecían; y después al encontrarme arrastrado por mi padre desde la cerca perimetral, excitan mi imaginación. Estoy seguro de que lo acontecido tiene relación con los trabajos de mi padre."

La mano del muchacho tiembla imperceptiblemente al llegar a la puerta del laboratorio. Mueve el picaporte y ésta se abre suavemente. Eso le asombra, y nuevamente se concentra en sus pensamientos.

"¡Que extraño! Esta puerta siempre está cerrada con llave, ¡a menos que mi padre esté dentro!

Después reflexiona y piensa:

"Puede haberse quedado abierta desde anoche, y mi papá no se ha percatado de ello."

Samuel va empujando poco a poco la puerta, evitando hacer algún ruido. Con el corazón en un hilo, asoma la cabeza; y el cuadro que ve es poco común y algo inverosímil.

Su padre está sentado de espaldas a la puerta, con un casco puesto sobre su cabeza. Este está unido por un manojo de cables, a un equipo situado frente a él.

Todas las cortinas de las ventanas cerradas, y la luz que penetra por los intersticios ilumina pobremente la habitación. El casco sobre la cabeza del científico despide una especie de brillo en la semioscuridad, y a Samuel se le antoja fantasmal la escena.

Samuel titubea. El muchacho se sobrepone a los pensamientos que le indican huir, y tiene ánimos para ver como su padre levanta las manos con los puños cerrados y grita:

- Sí; igual que lo hice lanzar la bomba, ¡qué Truman elimine la Oficina de Servicios Estratégicos! ¡No más espías contra mí!

CAPÍTULO 25.

Al día siguiente en la mañana, William Joseph Donovan *"el padre de la inteligencia estadounidense"*, recibe una llamada telefónica inesperada. El ayudante de Donovan abre la puerta del despacho, y le anuncia que al teléfono está el brigadier general John MacGruder. Donovan levanta el auricular y dice:

- Donovan a la escucha.

La respuesta se escucha del otro lado de la línea, de una voz algo gangosa.

- Donovan; tengo a bien comunicarle que he sido impuesto, por el Secretario de Guerra, como supervisor de la disolución de la OSS. Mi tarea consistirá en preservar el secreto sobre sus acciones y documentación, hasta tanto sea definido a quién pasarán sus funciones.

Donovan abre los ojos y no da crédito a sus oídos.

- Pe…pero; ¡¿qué me está diciendo?!

Nuevamente se escucha la voz del otro lado de la línea telefónica:

- Como lo oye. Desde ayer, 20 de septiembre, el presidente hizo valedera su decisión. Y no tiene discusión.

- ¡Pero va a dejar descabezado el país! ¿Qué clase de loco puede haber concebido semejante disparate?

- Ahórrese los peyorativos – responde MacGruder con tono militar que no admitía réplica -, y vamos a concentrarnos en lo que será nuestra labor común. Debe comenzar a desmantelar todos los archivos; y suspender cualquier operación que esté ejecutándose, hasta tanto se tome otra decisión.

- Muy bien…

Donovan accede porque no tiene otra alternativa. Después continúa:

- Estaré en mi oficina para ayudarlo en lo que necesite.

Y cuelga.

No muy lejos de allí, en la Casa Blanca, Truman seguía devanándose los sesos pensando cómo justificar aquella decisión. El día antes al mediodía había firmado la orden, sin darse cuenta, en un estado como de embelesamiento. Hubo de reunir apresuradamente a sus Secretarios de Guerra y de Estado; y dándoles una excusa trivial, les encomendó encargarse de los detalles…

CAPÍTULO 26.

Richard el conserje está limpiando el portal de la escuela. En ese momento, el ómnibus que trae a los alumnos se detiene en el frente de la edificación. Los muchachos, con su acostumbrada alegría y bullicio, se bajan entre bromas y risas, y caminan por el enlosado del jardín hacia la puerta de entrada. Al ver a Richard, Samuel apura el paso y se le acerca:

- Oye Richard…

Le dice en tono confidencial.

- Tengo algo importante que decirte.

- ¿De qué se trata?

- Es que… ¡ya averigüé lo que hace mi papá en el laboratorio de la casa!

Se nota la excitación en la voz del muchacho.

- Bueno, cuéntame.

- Pues nada. El otro día, por la noche, mi papá y mi mamá se fueron para una fiesta. Yo los oí llegar; y mi padre, como siempre, venía de mal humor. Cuando mi mamá me dijo que me fuera a dormir…

Samuel habla atropelladamente.

- Yo bajé, y con mucho miedo abrí la puerta del laboratorio y…

El director de la escuela se acerca a ellos. Samuel se interrumpe al sentir la voz a sus espaldas que dice:

- Óigame Samuel, vaya para su aula; y usted, señor Patterson, le he dicho que no quiero verle importunando a los chicos. Recuerde que sólo gracias a su edad, y a sus referencias, se le mantiene trabajando en esta escuela que es sólo para blancos. No me obligue a tener que despedirlo…

La voz el director sonó autoritaria y despectiva a la vez.

- Muy bien señor director. Le prometo que no sucederá más.

Responde el conserje con humildad bajando la cabeza.

Samuel se retira consternado. No había podido contarle todo a Richard, y no quería quedarse con ese peso por dentro. Además, hoy era el día de su cumpleaños. Estaría en la escuela sólo en la sesión de la mañana; ya que, después de almuerzo, Peter el chofer debía recogerlo. En su casa, su mamá estaría supervisando los preparativos para la fiesta. Camino del aula; Samuel va pensando cómo podría comunicarse con su amigo, cuando…

- ¡Ya sé!

Dice en voz alta; y dándose cuenta al momento se calla. En sus ojos persiste la alegría, por haber hallado lo que él considera una solución a su dilema…

En ese mismo instante, el profesor Meltzer hace su entrada en el instituto donde trabaja. Su habitual semblante hosco, está levemente surcado por una sonrisa nunca antes vista en él.

Mientras avanza por los pasillos, quienes se cruzan le dan los buenos días; pero muchos siguen de largo, acostumbrados a sus bruscas y groseras manifestaciones.

Pero esta vez el profesor contesta adecuadamente; y hasta se detiene con algunos a conversar, dándoles palmadas en los hombros y usando alguna broma. Hace entrada a la antesala de su oficina, y su secretaria Carol lo recibe con una sonrisa:

- Bueno días, doctor Meltzer. Se ve muy bien hoy.

- Buenos días, Carol; y muchas gracias. Mire… - le dice deteniéndose -; en todos estos años no he tenido con usted las atenciones debidas, pero quiero enmendar mi falta. Aquí tiene.

Saca su libreta de cheques, y firma uno por una cantidad prodigiosa. La asombrada Carol lo mira con los ojos muy abiertos, y no sabe qué decir o hacer.

- Pe… pero doctor!

Balbucea ella.

- Nada, nada - dice Meltzer sonriente -. Se merece eso y mucho más. Hace tiempo usted me dio una idea prodigiosa; y yo no puedo olvidarla, en estos momentos en que ya tengo conseguido todo cuanto quería. Así que disfrútelo. ¡Ah! Llámeme por favor al doctor Harrison.

Diciendo esto, entra a su oficina.

Meltzer se quita el sombrero y el sobretodo. Pone su maletín sobre el buró. Observa con satisfacción la oficina; y camina hacia la ventana, mirando la hermosa vista de la ciudad que se ofrece ante sus ojos. Una típica ciudad desarrollada; con sus rascacielos y sus avenidas bien trazadas, que hablan del poderío de una nación y de la magnificencia de la obra humana.

Un toque a la puerta lo trajo nuevamente a la realidad. Responde.

- Adelante.

- Permiso doctor Meltzer.

Harrison hace su entrada a la oficina, mientras piensa:

"Debido a que Carol está oyéndonos, y también por la actitud de Meltzer dos noches atrás, voy a tratarlo de usted."

- Me dice Carol que quería verme.

- Sí pasa Arthur; siéntate.

Harrison se ubica en una butaca frente a él. Meltzer se sienta a su vez y le dice:

- Mira Arthur; escúchame y no me interrumpas hasta finalizar mi explicación. Ante todo; debo disculparme contigo por la forma intempestiva en que salí de la cena con el Presidente, dejándolos a ambos prácticamente con la palabra en la boca. Pero debía demostrarme, y demostrarles a los demás, que no estoy ni loco ni equivocado. Y lo comprobé, Arthur; ¡la máquina funciona! ¡Mira esto!

Le muestra el titular del periódico, donde aparece la noticia de la disolución de la OSS.

Harrison la lee, y piensa:

"Por supuesto que la conozco. Ya la había recibido antes de primera mano, con la orden de suspender toda la actividad de chequeo sobre ti..."

Ajeno a ello, el profesor continúa:

- Y te quiero dar una explicación pues te la mereces.

- Oye Klauss, a mí no me debes ninguna disculpa. Nos conocemos desde hace años, y yo bien sé cómo se siente uno al estar bajo presión. Te disculpé con el Presidente, y me parece que quedó satisfecho; mas debes dedicar tu tiempo a cosas más importantes. Mira, nos va a dar la financiación para la utilización de la energía de la fusión del átomo. Es lo que hemos anhelado: desarrollar los experimentos con los gases nobles como el hidrogeno.

- Eso es muy alentador, y nos consagrará por completo en la historia; pero ya no debemos preocuparnos por conseguir nuestra superioridad militar sobre los rusos. Con mi máquina, podremos obtener todo eso y mucho más. Podremos dominar el mundo, simplemente porque lo deseamos. No, no me interrumpas y déjame terminar mi explicación…

Dice el profesor, cuando ve la cara de incredulidad de Harrison. Después continúa:

- Por el aprecio que te tengo; y las muchas vivencias comunes, deseo compartir contigo mi descubrimiento. Eres merecedor de esa consideración. Además, sé que tu incredulidad hacia mí; no está basada en la mala fe, sino en el lógico razonamiento de todo hombre de ciencia.

Se interrumpe momentáneamente y después prosigue:

- Pero, precisamente por esa condición; vas a entender todo enseguida cuando te lo explique. Comenzaré diciéndote que he inventado un aparato fenomenal, al que he denominado *"Máquina de los Deseos"*. Este nombre se lo puse sólo por cubrir la forma, aunque no está alejado totalmente de sus funciones. Pero el nombrarla así, sin que la gente conozca previamente su funcionamiento, ha provocado una mala interpretación de mi descubrimiento y mi persona.

- A ver Klauss; quiero ser imparcial y objetivo. Mas, ¿qué tiene eso que ver con la noticia de la disolución de la OSS?

El profesor sonríe, y continúa su explicación:

- Enseguida lo entenderás. El principio de funcionamiento de la máquina está basado no sólo en el campo de la física, sino también tiene mucho que ver con la psicología. Como tú sabes, el cerebro humano es emisor de ondas de energía; en forma de ondas cerebrales, que son los pensamientos. Estas ondas son una forma de existencia de la materia, y son sensibles a transformarse y a transportarse a través del aire. Esto se manifiesta a través de diferentes formas como el hipnotismo, la transmisión de pensamientos, la telekinesis, la levitación; y otros fenómenos documentados por la parapsicología, los cuales aún no están suficientemente bien estudiados.

Harrison lo observó, y por su mirada pasó un destello de interés.

- También sabes que los impulsos eléctricos del cerebro son registrados a través de los encefalogramas, con lo cual entramos en el campo de ondas como las alfa, beta y otras de diferente frecuencia. Basándome en estas propiedades, construí una máquina, cuya función es amplificar las ondas cerebrales; o sea, los pensamientos de quien la utiliza, para dirigirlas hacia la persona adecuada. De esa forma; el pensamiento, o deseo del operador de la máquina, se introduce en la mente del receptor. Así, dominándole la mente, el deseo del emisor se hace realidad. Por eso la llamo *"Máquina de los Deseos"*; pues como puedes ver, se cumplen los deseos de quien la utiliza, siempre y cuando estos tengan una base material. Ahora dime, ¿qué opinas?

Meltzer no se percató, pero a medida que avanzaba en su explicación, Harrison se mostraba más y más interesado.

- Me has dejado verdaderamente sorprendido con tu explicación. Por un momento llegué a pensar que te habías trastornado, cuando te oí hablar por primera vez de ese equipo. Discúlpame, pero con ese nombre de *"Máquina de los Deseos"* cualquiera se lo piensa. Mas, dime; ¿cómo sabes que funciona?

- Porque ya he hecho algunas pruebas. Por ejemplo; la segunda bomba atómica, nuestro *"Fat man"*, yo fui quien adelantó su lanzamiento, como dije en la reunión con el Presidente. Y anteayer obligue a Truman, a cancelar las funciones de los servicios de seguridad.

Harrison se asombra al escuchar su acotación.

- ¿Cómo dices? Pero; ¿estás loco? ¡El país no puede quedarse desprotegido!

- Ya lo sé, y él encontrará una solución a ese problema con sus asesores. Pero, mientras tanto; quienes me molestaban ya no lo harán más, y los quitarán de esas funciones.

- ¿Qué quieres decir?

Su amigo indaga para tratar de comprender exactamente el alcance de sus palabras. Si Meltzer había detectado a quienes lo seguían, era muy posible que se hubiese dado cuenta de su papel en todo esto. Varias veces Harrison intentó hacerle ver a quienes lo vigilaban, que estaban haciéndolo de forma descuidada; mas los guardianes se reían y le decían:

"Vamos, profesor, siga usted en su laboratorio, que nosotros sabemos cómo se hacen estas cosas"."

Ajeno a estos pensamientos de su amigo y colaborador, Meltzer continúa su explicación:

- Después de la cena con el Presidente, regresé a casa y puse a funcionar la máquina. Intenté pensar en alguna cosa que pudiese servirme de prueba sobre su funcionamiento, cuando un equipo de agentes de la OSS hizo una payasada para convencerme de que ellos eran agentes del Führer.

La expresión de asombro de Harrison fue mayúscula.

- ¿Cómo, cómo?

"No puedo creer lo que estoy oyendo. Una operación semejante no ha sido ordenada por Donovan, al menos que yo sepa..."

Meltzer prosigue:

- Verás, te confesaré algo. Después de tu comentario acerca de la intención de Truman de nombrarme al frente del proyecto de la nueva bomba, noté un seguimiento por parte de agentes de la OSS.

Harrison siente un escalofrío recorrerle el espinazo, y el corazón le late aceleradamente en el pecho. Mas Meltzer parece no darse cuenta de dichas reacciones, tan inmerso como está en su explicación. Se encuentra tan satisfecho por el logro obtenido, que está en un estado como de evasión de la realidad. Así pues, continúa:

- Si se hubieran limitado a seguirme, todo hubiera quedado ahí. Pero me molestó mucho la insistencia del italiano; en hacerme creer que Hitler está vivo, y que debía comenzar a trabajar para él. Fue muy hábil, manejando claves secretas de comunicación y todo. Al llegar a las amenazas y el chantaje, eso llenó la copa; y como los OSS no son de mi gusto, ¡pues que se vayan a la porra!

Y se recuesta satisfecho en su butaca.

En el pequeño espacio de tiempo en que se hace el silencio, Harrison se devana los sesos en las especulaciones.

"¿Quién diablos será el imbécil que ha echado a perder toda la operación, habiendo llegado incluso a utilizar hasta el tema de la supervivencia de Hitler; cuando eso es algo de dominio sólo de Donovan y de unos pocos? Pero hay algo que no concuerda: la mención acerca de claves secretas; del rapto y las amenazas, es algo no planificado...

La orden de Donovan, supuestamente, era mantenerse al margen y nunca actuar activamente. Y no sé nada de ningún agente de origen italiano actuando en el grupo asignado. ¿Estaría alguna otra dependencia del gobierno, como el FBI, trabajando paralelamente a nosotros? ¿O habrían realmente contactado los agentes nazis a Meltzer? Voy a hablar con Donovan en la primera oportunidad."

Meltzer continúa comentando y, sin darse cuenta en su euforia, habla de más:

- Yo había pensado regalarle la máquina al Führer; pero como ya no está, decidí que Truman podía ser el primero en hacer uso de ella. En este caso, la usé con él y no lo sabe. ¡Ja, ja, ja! ¿Te imaginas? Firmó la orden, ¡y ni siquiera se imagina que lo hizo obedeciéndome! ¡Sometí su mente, así como se la puedo dominar a cualquiera!

La mirada de triunfo, y la amplia sonrisa de su cara; son la muestra para Harrison de que Meltzer habla en serio. Mas el rostro del doctor se ensombrece y dice:

- Sólo hay un pequeño detalle. No sé si fue producto del poco descanso, o de la gran cantidad de energía que la máquina me hizo concentrar para lograr el deseo; pero después de probarla, salí tambaleándome del laboratorio. Subí las escaleras hacia el dormitorio, cayéndome a cada paso. La vista se me nublaba; la cabeza me daba vueltas, y sentía una sensación de desplome general. ¡Me asusté, pues me pareció que me iba a morir!

Su rostro se ensombrece. Pero después rechaza el pensamiento negativo y continúa:

- Por eso no vine ayer a trabajar, pues hube de permanecer en cama todo el día. No pude levantarme del dolor de cabeza tan grande, y del decaimiento que tenía. Hoy me sentí como nuevo gracias a un pequeño estimulante que me *"regalé"* al despertar…

Le hace un guiño a Harrison cuando subraya con picardía la palabra, indicando que había consumido algún estupefaciente. Después prosigue:

-. Ahora dime, ¿qué crees de cuanto te he dicho?

Harrison se acomoda en el asiento y piensa:

"Voy a tratar de estimularle su ego. Esto pinta bien…"

Después dice:

- Si se pudiera probar que no ha sido producto de la casualidad, sino verdaderamente gracias a tu ingenio, entonces ¡el mundo está a tus pies!

- Pero; ¿todavía dudas? ¿Dime si la anulación por Truman de la actividad de la OSS, puede ser catalogada como coincidencia? ¡Eso es producto de la acción de mi máquina! ¡Te aseguro que eso no estaba en sus planes! ¿Dejar sin trabajo a todos los espías del país y a la OSS, quien ha prestado tantos servicios a la Patria? ¡No me parece eso una obra de la casualidad!

- Mira Klauss, aprecio tu poder de creatividad y tu inteligencia; pero bien sabes que, para los científicos, las cosas deben probarse una y otra vez, en la práctica, para poder confirmar un descubrimiento. Solo la reiteración y la repetición; permiten convertir algo en un postulado o ley, y que funcione como tal.

- Pues, para que no dudes; te invito a mi casa. Cuando terminemos el consejo científico de mañana viernes, te demostraré cómo funciona la máquina, y haremos todas las pruebas necesarias.

Harrison piensa para sí:

"Eso es lo que yo quería"

Pero agrega en voz alta:

- Te advierto que deberás convencerme de que es la máquina quien hace el trabajo, y no la casualidad.

- Descuida, deja eso de mi parte.

CAPÍTULO 27.

Los alumnos se encuentran sentados en el aula, mientras la profesora va pasando por los asientos y revisando los cuadernos.

Cuando se acerca a Samuel, le dice:

- Samuel, muéstreme la libreta con la tarea de la casa.

El muchacho la mira, y le responde desenfadadamente:

- No la hice maestra.

La profesora da un manotazo en el pupitre y le dice:

- ¡Pero esto ya es intolerable! Vamos a ver ahora mismo al director.

Samuel se levanta y la dice:

- Como usted diga.

La maestra llama a una auxiliar docente y la deja al frente de los alumnos. Después ambos salen; encaminándose hacia la oficina del director.

En su fuero interno este era el objetivo de Samuel; aunque sabía que una visita al director no era nada agradable, y le esperaría un castigo ejemplar en la escuela y en la casa. ¡Y ojalá su mamá no se lo comentara a su padre! Meltzer era implacable en lo referente a la disciplina, pues consideraba cualquier falta como impropia y degradante de su condición aria. Si le avisaban directamente a este, no le esperaría nada bueno.

En realidad, sí había hecho la tarea; pues no quería tener más complicaciones en la escuela. Pero al haber sido interrumpido en su plática con su amigo Richard, mientras le contaba todo cuanto había descubierto, había recurrido a esta treta para ver si lo podía contactar.

En el trayecto por los pasillos, Samuel iba pensando cómo salir de la situación; cuando se le ocurre que quizás se salvaría si decía que hoy era su cumpleaños…

Llegan a la oficina de la dirección; y Samuel se nota un poco más confortado cuando la irritada maestra abre la puerta, y se dirige a la secretaria explicándole la situación.

Esta entra a ver a su jefe y deja la puerta entreabierta. Por el espacio que queda, Samuel ve al director sentado en su buro. Luce imponente; y a Samuel se le antoja un emperador dispuesto a ordenar la decapitación de un sublevado. La secretaria regresa y los deja pasar. Desde su asiento el hombre dice, mientras ellos entran:

- Adelante señorita Berkeley; veo que me trae un remolón.

La maestra responde algo alterada:

- Así es, señor director. Lo de Samuel Meltzer ya es inaudito. No hace la tarea, no atiende a clases; y sus resultados académicos no son los mejores. ¡Así no puede seguir! ¡Comprende usted que estos malos ejemplos no se pueden tolerar!

- De acuerdo con usted plenamente.

Comenta el director; y dirigiéndose a Samuel, le dice:

- Veamos qué vas a hacer, cuando le diga a tu padre a lo que se dedica su hijo en la escuela; sobre todo tus relaciones con el negro ese de Patterson.

- Perdone señor director.

Samuel comprende que debe humillarse un poco si quiere conseguir algo.

- Ya sé que no he actuado bien; pero hoy es mi cumpleaños, y por eso no he podido hacer la tarea. Imagínese, estoy muy nervioso por la fiesta que me van a hacer, y por eso se me olvidó.

El director, poniéndose la mano en la barbilla, comenta:

- Ahora recuerdo que su mamá llamó para avisar sobre ello. Su chofer lo recogerá al mediodía por esa causa.

- Ya ve usted, y el otro día tampoco pude hacer la tarea pues fuimos invitados a una fiesta con el presidente Truman.

Samuel miente, pero debe buscar una salida a su situación. Al mencionar al presidente, ve como al director se le iluminan los ojos.

- ¿Con el señor Presidente? - dice algo asombrado.

- Pues sí, señor. Como usted sabe; mi papá es un científico muy importante, y el Presidente le hizo un homenaje.

El director se queda pensativo, y al final dice:

- Muy bien, Samuel; váyase al aula y no caiga en ese error otra vez, o nos veremos precisados a castigarlo severamente. Puede retirarse.

La maestra lo mira, evidentemente inconforme con la decisión del director, por no haber tomado ninguna medida con Samuel. A ella tampoco se le pasa por alto el cambio de éste, a la simple mención del homenaje del Presidente.

Cuando salen al pasillo, Samuel le dice a la maestra:

- Maestra, con su permiso voy a ir al baño; y enseguida voy para el aula.

- Está bien, pero no tardes.

A ella le importa bien poco si el muchacho se demora o no, pues se sentía furiosa con la decisión del director. Por eso ahora, por despecho; no iba a exigirle nada al chico.

La maestra da media vuelta y se retira. Samuel la observa cómo se aleja. Él también comprende que la maestra no está de acuerdo con el director; y, esa contrariedad, le permite manejar con flexibilidad el tiempo a utilizar para hablar con Richard. Sonriéndose, se dedica a buscarlo.

En la oficina, el director reflexiona sobre la conversación con Samuel:

"Así que el padre de Samuel estuvo con el Presidente en una fiesta. Me parece haber leído algo sobre eso en los diarios. No estaría mal estrechar relaciones con el doctor Meltzer. El nuevo Presidente tiene proyecciones muy interesantes".

Llama a su secretaria por el intercomunicador.

- Señorita Smith.

Esta responde de inmediato:

- Sí señor director.

- Busque la ficha del alumno Samuel Meltzer, y comuníqueme con su padre. Debe estar trabajando en estos momentos.

- Muy bien señor director.

El director, hombre de mediana edad, pelo cano y barriga prominente; se recuesta en su silla y se queda pensativo. Había fundado aquella escuela para niños de gente adinerada, al recibir una herencia de un pariente a los pocos años de haberse graduado de magisterio. Hacía muchos años que su institución tenía fama y renombre, pero él aspiraba a más. Siempre había ambicionado dejar su profesión y dedicarse a la política. Ahora entreveía la posibilidad de lograr su objetivo; o, por lo menos, de encaminarse en una dirección que le permitiera hacerlo.

Llamar al profesor Meltzer era una vía para hacerse sentir. Era recordarle al científico que las notas de los exámenes, y el informe de las características de Samuel por fin de curso, dependían de él. Y asegurar para su hijo un porvenir, era seguramente muy importante para el doctor Meltzer. No podría, por tanto, hacer caso omiso a la *"ayuda"* que él podía brindarle para conseguirlo. Siempre y cuando, claro; este a su vez lo auxiliara con alguna pequeña recomendación ante alguna de sus influencias.

Si el doctor Meltzer era un favorecido del Presidente, ello implicaba que quizás indirectamente, y ¿por qué no?, algún día hasta el mismísimo Truman conociera de su existencia y lo favoreciera.

La secretaria interrumpe el hilo de sus pensamientos.

- Permiso señor director.

- Dígame señorita Smith.

- Al teléfono está el padre de Samuel Meltzer.

- Bien gracias. Puede retirarse.

Y tomando el auricular dice:

- Buenos días, doctor Meltzer. Le habla el señor Baker, director de la escuela de Samuel. ¿Cómo está usted?

La voz de Meltzer suena impersonal. Se escucha a través del auricular.

- Muy bien, señor Baker. Muchas gracias. ¿Qué desea?

- Lo he llamado doctor…

El director sabe muy bien lo importante de recalcar los títulos de sus clientes, aun y cuando resulte repetitivo. Después continúa:

-…para comunicarle que he debido reprender a su hijo; por no hacer la tarea, y por estar reuniéndose y conversando con un negro conserje de la escuela. En cierto modo, ese negro influyó en que el muchacho no hiciese la tarea.

El señor Baker miente. Pero conoce de los puntos de vista de Meltzer sobre las razas y lo explota.

- Pero no sea muy severo con él. Con la reprimenda dada, no volverá a caer en ese error.

- Y, ¿cómo se entiende que en su escuela haya un negro trabajando? Pregunta Meltzer con enojo.

- Oh! Hace muchos años se encarga de la limpieza; y como ya está viejo y enfermo, pues lo he dejado trabajando por compasión.

- Bueno, pero si vamos a tener consideraciones con todos los individuos de esa clase…

La voz del doctor se escucha alterada.

- No se preocupe, doctor Meltzer. Ya ha sido eliminada la causa del problema.

Dice el director, presintiendo que había causado la ira del doctor en vez de ganarse su favor.

- ¿Lo expulsó usted?

El director traga en seco y miente nuevamente.

- Sí. Le he despedido inmediatamente. Está bueno ya, como bien dice usted, tener consideraciones con esa gentuza.

- Muy bien de su parte, señor Baker. Por algo su escuela siempre ha tenido renombre. Hombres como usted le hacen falta a este país para sanearlo de una vez.

- Espero tener el honor de verlo en algún momento por aquí, señor Meltzer. Así apreciará los progresos de Samuel; y también podremos discutir lo que conviene más para su futuro. Yo podría darle algunas sugerencias sobre la profesión a elegir.

- Muy bien, señor Baker. Sería bueno realmente ir por la escuela y hablar con usted. Ya le avisaré para ponernos de acuerdo.

- Estoy, como siempre, a sus órdenes, doctor Meltzer. Hasta pronto, y espero que pase una feliz tarde junto a su hijo por su cumpleaños.

- ¿Eh?... ¿Qué?...

La voz de Meltzer suena extrañada.

- ¡Ah! Sí, sí; ¡cómo no! Ya casi lo había olvidado. Hasta la vista señor Baker.

- Adiós, doctor.

Meltzer cuelga el teléfono y cavila. Su rostro refleja sus pensamientos y emociones.

"Hoy es el cumpleaños de Samuel, y yo ni me acordaba. Incluso le dije a Arthur que fuese conmigo para la casa después del Consejo científico, y no sé si con tanta gente...bueno, no importa. Que espere un poco para hacerle la prueba a la máquina. En definitiva, él es quien duda. Para mí está claro que sí funciona. Compartiremos un rato y después le haré la demostración" ...

Y, por su parte, el director pensaba en su oficina.

"Creo que mejoró mi imagen ante él. Aunque por poco lo hecho todo a perder con el motivo que busqué para la llamada. Y, pensándolo bien, el doctor Meltzer tiene razón. ¿Cuándo se ha visto un negro, trabajando en una escuela que es sólo para blancos? ¡No sé cómo no le he expulsado antes!".

Levanta la cabeza y llama de nuevo a su secretaria:

- Señorita Smith.

Al momento esta aparece en la puerta.

- Diga señor director.

- Llame ahora mismo al conserje, y dígale que se presente ante mí. Localíceme también la agencia de ocupaciones, para que nos envíen solicitantes para conserjes. El señor Patterson no trabajará más con nosotros.

- Como usted diga, señor director.

Y se retira con la precisión de un autómata.

En esos instantes, Samuel conversa con Richard en el cuarto de instrumentos de limpieza.

- …Y entonces mi papá se concentró y gritó con los puños en alto: *"¡Qué elimine la Oficina! ¡No más espías contra mí!"* y yo me fui corriendo. Él no me oyó ni me vio, Richard. No sé cómo pude aguantar tanto rato observándolo. Tenía mucho miedo, ¡y luego aquel zumbido de la máquina que parecía un abejorro! Todo estaba semi oscuro, y había un brillo muy extraño alrededor de la cabeza de mi papá…

Samuel gesticula y habla muy rápidamente.

- Mira Samuel. No te excites tanto. Estas nervioso y eso no es bueno; no te ayuda a pensar. Y no me parece bien mentirle a la maestra en lo que respecta a la tarea…

Samuel lo interrumpe:

- ¡Pero es que debía verte!

Se nota en sus ojos una excitación febril.

- ¡Comprenderás que no podía pasar más tiempo sin decírtelo! Casi grita.

- Sin embargo, es malo mentir. Eso no conduce a nada bueno.

- Ya lo sé, Richard; pero fue un simple pretexto. ¡Y no me negarás que me le escapé de una buena al director!

Dice riendo.

- Estoy de acuerdo; pero ahora piensa con calma, para que me respondas con certeza. ¿Estás seguro de que tu papá habló de una bomba?

- ¡Claro! Sus palabras fueron esas: *"¡Igual que lanzó la bomba!"*. No las podré olvidar nunca, Richard. El aparato zumbaba como te dije; y él levantaba las manos y gritaba esas palabras. Eso; junto con el brillo alrededor de su cabeza, es algo que no se me puede borrar de la memoria fácilmente.

- Bien, te creo. Me doy cuenta de que no mentirías en algo así. Me has hecho la misma descripción dos veces y se te nota impresionado.

- Así es. Es como una película grabada en mi cabeza.

- De ser así, tu papá se está ocupando de algo muy peligroso. Mira, te voy a enseñar un diario para que veas una noticia.

El viejo se acerca al escaparate donde guarda su ropa. Lo abre con una llave que saca de su bolsillo, y toma un periódico. Lo despliega. Aparecen fotos de las destrucciones en Japón. Aunque aquello había ocurrido más de un mes atrás; las múltiples víctimas ocasionadas por las bombas y las radiaciones eran algo grotesco.

Richard mira a Samuel. Este no hace más que observar con detenimiento las fotos, y hasta lee algunas estrofas del diario. En su rostro se puede ver el horror producido por todo aquel desastre y por las víctimas.

Como hijo de una familia adinerada; semejantes noticias eran algo no mencionado en su casa; y estaban muy lejos de ser su cotidianidad. Y al igual que la mayoría de la opinión pública norteamericana; el lanzamiento de la bomba fue recibido con orgullo, por el éxito alcanzado para vencer más rápidamente a los enemigos…

El conserje le pone una mano en el hombro.

- Oye; no te aflijas tanto, que aún eres muy joven para estas cosas.

- Pe…pero; ¡no puedo creerlo! ¿Y todo eso lo ha causado esa bomba atómica?

- Sí Samuel. Desgraciadamente sí.

- Entonces, ¿mi padre tiene la culpa de toda esa masacre?

- No sé qué decirte, Samuel. Sólo sé que si tu papá y esa máquina tienen algo que ver con esto…bueno, tú mismo te das cuenta de las repercusiones. ¡Se ha cometido contra esas pobres gentes un asesinato colectivo!

- ¿Y por qué precisamente tiraron esa bomba?

- Mira Samuel; yo soy un pobre negro semi analfabeto, y no conozco mucho de esas cosas. Sólo sé que en las guerras somos los pobres quienes siempre salimos perdiendo, y los ricos son quienes se quedan con todo.

Hace una pequeña pausa y continúa:

- Para ponerte un ejemplo, ¿sabes por qué no vine ayer? Pues hube de llevar a mi nietecito al médico, para ayudar a mi nuera que está embarazada. Está muy delicada, y sólo se levanta para hacer algunas cosas de necesidad. Cuando mi hijo fue llamado para el ejército, hace cosa de seis meses, ella vino a vivir conmigo. Y cuando llegó la noticia de su muerte hace como un mes…

Richard baja la cabeza con tristeza y después prosigue:

- ¿Imaginas? ¡Era mi único hijo! Cuando mi esposa lo supo, cayó desmayada y murió a los pocos días sin recobrar el conocimiento; y mi nuera también tuvo amenaza de aborto por la mala noticia. Ella se ha quedado conmigo porque no tiene más familia. ¡Y debo cuidarla Samuel!, pues no quiero que mueran ni ella ni su bebé. Imagina, ¡otro vástago de mi hijo Tom! Además, ella sola no podrá criar a los dos niños…

Richard tiene lágrimas en los ojos. Se las enjuga y prosigue hablando con Samuel:

- Te decía que no conozco mucho de esas cosas, pero esa bomba atómica es la más destructora de todas cuantas se conocían con anterioridad. Si tu papá tiene algo que ver con ella, sería muy triste pensar que por su culpa hayan muerto tantas personas.

Samuel va a decir algo, pero en eso tocan a la puerta. Richard le hace ademan de guardar silencio, y le indica esconderse detrás de la puerta. El conserje entreabre la puerta; y ve a la señorita Smith, la secretaria del director. Ella le dice con aire de insolencia:

- Señor Patterson, lo he estado buscando por toda la escuela. ¡Al fin lo encuentro!

Se ajusta los espejuelos.

- Estaba cambiándome de ropa, pues me ensucié limpiando un baño - el conserje miente -. Por eso no la mando a pasar.

- No sea insolente. ¿Cómo puede pensar que, por un momento, yo pudiera entrar en ese antro de suciedad?

La señorita Smith hizo una muesca de asco. Después continúa.

- Pero por suerte ya nos libramos de usted. El señor director ha ordenado se le pague cuanto se le debe, y se marche. Así que, ¡puede recoger todos sus trapajos y largarse!

Diciendo esto, vira la espalda y se va taconeando por el pasillo.

Richard se queda petrificado en la puerta. ¡Le parece mentira cuanto acaba de escuchar! Samuel lo toca para que reaccione.

- Disculpa -. dice el viejo cerrando la puerta -. ¿Cómo es posible esto, Samuel?

En el rostro del anciano aparecen lágrimas.

- ¿Y ahora de qué va a vivir mi familia? ¡Se me van a morir de hambre!

Samuel trata de calmarlo:

- No te preocupes, Richard. Ya hallaremos una solución.

- Eso se dice muy fácil, pero cuando se tropieza con la realidad, la cosa es bien diferente. Ya soy viejo, y negro para colmo. Mi nuera no puede trabajar, pues ya te expliqué que está con amenaza de aborto. Además, una mujer negra y con dos hijos pequeños…

- Y, ¿no podrán darte una ayuda por tu hijo muerto? - pregunta el muchacho.

- Eso está por ver; pues hay mucha burocracia en el departamento de defensa, y ponen mil trabas para ello. Casi siempre es muy fácil enviar a los jóvenes a la muerte, pero después… Mira Samuel, eres muy joven para entender algunas cosas, mas con el tiempo las comprenderás. Bueno, a lo mejor ni te das cuenta. En definitiva, tú eres rico…lo lamentable es que ya no nos veremos más.

- No, Richard, eso no. Tú seguirás siendo mi amigo y buscaremos la vía.

- Eso no es posible, Samuel. Tú sabes la forma de pensar de tu padre, y podíamos ser amigos porque yo estaba en la escuela, pero ahora…

Samuel toma una decisión:

- Mira, quiero que vayas hoy a mi casa. Es mi cumpleaños; y como va a haber fiesta, puedes intentar llegar sin ser visto. Va a haber mucho movimiento de personas, y puedes pasar desapercibido.

- No eso no va a funcionar.

- Verás que sí. Podrías vestirte como mesero. Digamos a eso de las ocho de la noche, yo te esperaré en la puerta trasera. Es algo alejada de la carretera principal. Esa puerta se usa sólo durante el día, para recibir las mercancías. Hoy debe haber guardias de seguridad adicionales; pero, precisamente por no ser los habituales, podemos engañarlos. Yo me presentaré, diciendo que te han llamado como personal de apoyo para trabajar en la fiesta.

- Oye Samuel, no me gusta la idea para nada. Si me descubren, no voy a pasarlo muy bien que digamos. Además, ¿para qué debo ir a tu casa?

- Pues muy sencillo. Trataremos de meternos en el laboratorio de mi papá; y entre los dos averiguaremos más sobre la famosa máquina, y lo que mi papá hace allí. Necesito tu ayuda, pues la verdad es que solo no me atrevería.

Richard se queda pensativo. Después agrega:

- Eso sería interesante; pues, aunque no entendamos mucho, siempre podríamos saber lo que se trae entre manos y… Bueno, perdona si él es tu papá, pero deberíamos denunciarlo. Así la gente sabrá quién significa una amenaza para el bien y la razón. Los hombres debemos amar al prójimo, y no causarle daño. Como sabrás, uno de los diez mandamientos es: *"No matarás"*. Si tu padre tiene algo que ver con la matanza de tantos miles con esa bomba, eso no es de buen cristiano; y debe prepararse a recibir el castigo divino.

Samuel lo ataja, pues se estaba impacientando con la charla teológica:

- O podríamos romperle la máquina. A lo mejor después ya no puede utilizarla más. Mira Richard, quedamos en eso. A las ocho de la noche te espero allá; y si sacamos algo en claro, pues podrías ir a un diario y denunciarlo. A lo mejor hasta algún dinero te dan. He leído que a veces suceden cosas como esas. No me importa si es mi padre.

A lo mejor después de eso lo recupero. Quizás le haga cambiar su forma de pensar y le abra los ojos. Ahora me voy; llevo rato fuera, y la maestra se puede enojar más de lo que estaba. Aunque ahora su enojo es con el director y no conmigo – dice riendo -. Entonces, a las ocho nos vemos en mi casa.

- Pero…me debes indicar cómo ir allá.

- Es verdad. Mira, vivimos en las afueras de la ciudad. Deberás tomar un taxi, pues por allí cerca no pasa ningún ómnibus.

- Podría usar el dinero que me den al despedirme. Aunque prefiero caminar.

- Nada de eso. Puedes causar sospechas. Le dices al taxista que es en la carretera Norte…

CAPÍTULO 28.

En la noche, la casa de los Meltzer está profusamente iluminada, así como de los jardines. En todas partes se observa un ambiente relajado y festivo.

La celebración por el cumpleaños de Samuel comenzó en la tarde. Después de terminada la fiesta infantil; los adultos se habían quedado compartiendo, y los hijos menores fueron enviados a sus casas con los respectivos choferes.

El lujo de la mansión, sus ricos decorados y alfombras, además de la eficiencia de los criados; quienes se mueven entre los invitados con diligencia, atendiendo a los más mínimos requerimientos, hacen que Meltzer, quien se encuentra conversando con Harrison, se sienta orgulloso de la organización de la actividad. Su esposa lo ha manejado todo muy bien…

- Como te decía, Arthur, Ann es maravillosa para estas cosas. Por eso me casé con ella. Lleva la eficiencia y la organización en la sangre. ¡Mira qué bien se desarrolla la fiesta! ¡No se le ha escapado ni un detalle!

- Así es. Lo único que no vi a Samuel muy alegre. Lo noto algo preocupado.

- Ese niño es así. Fíjate que no estuvo muy de acuerdo en hacerse una foto conmigo. Se ha apegado mucho a su madre. A mí me respeta, pero siento como si no me quisiera. Además, voy a tener que arreglarlo un poco. Hoy me llamó el director de la escuela porque tuvo problemas por no hacer la tarea. Imagínate, ¡se estaba juntando con un negro limpia pisos!

Meltzer se pone furioso.

- ¿Te imaginas a mi hijo conversando y andando con un negro? Si cada vez que pienso en eso, me dan ganas de…

La expresión de su rostro, no da lugar a dudas de lo siniestro de sus pensamientos.

- No te alteres Klauss. Seguramente en el colegio no se habían percatado de ello, pues sería horrible que nuestros hijos estuviesen en contacto con semejante gentuza.

- Sí, así mismo fue. Por suerte; el director me explicó que ya había expulsado al negro.

- Ya ves. Me extrañaba que el señor Baker no hubiese tomado medidas. Él es un hombre de nuestra cruzada anticomunista y racial. No iba a permitir impunemente una cosa semejante en su escuela.

- Eso me reconforta, pero a Samuel lo tengo que arreglar de todos modos.

- Trata de entenderlo, Klauss. En definitiva, él no te ha tenido a su lado; pues has dedicado mucho tiempo a nuestro común descubrimiento…

Dice introduciendo suspicazmente el tema:

- Y a tu *"máquina de los deseos"*, la cual te consagrará para toda la humanidad.

- Por eso también me he aguantado un poco, pues sé que no lo he atendido como debo. Ahora le dedicaré más tiempo; y quién sabe si con la máquina le inculcaré mis ideas. para transformarlo a mi manera.

Harrison indaga, para tratar de sacar información acerca del invento.

- ¿Tú crees que la máquina llegue a dominar la mente, como para permanecer el deseo tuyo en ella como algo fijo?

- Eso está por probar, pero creo que sí se podría.

- ¿Y cómo lograrlo?

Meltzer se queda pensativo, y después agrega:

- Como te dije por la mañana, este campo es más psicológico que técnico. Pero sería como la telepatía. En un momento en que la persona esté dormida, o sea, cuando tenga la *"mente en blanco"* (como se llama vulgarmente cuando la mente no está dominada por el estado consciente); se le podrían inculcar los deseos, enviándole el flujo de pensamientos con la máquina. Ellos quedarían grabados en el subconsciente, los cuales pudieran ser después despertados, y la persona los tendría como suyos y actuaría en consecuencia con arreglo a ellos.

- ¡Muy interesante! Y, bueno, ¿cuándo podemos ver la máquina?

- Vamos ahora si quieres. Debes estar impaciente por verla funcionar, y quiero enseñártela con calma. En realidad, estaba esperando a que se fuera la mayoría de los invitados. Vamos a llevarnos esta botella de whisky, y disfrutaremos un poco más mientras trabajamos…

En ese momento; Samuel se acerca a la puerta trasera del jardín de la casa. El mismo lugar donde, días atrás; había ocurrido el drama, del cual no tenía ni la más mínima idea.

Toda la cerca está bordeada de árboles y arbustos; dando la sensación de tranquilidad, pero a la vez de soledad.

En la entrada hay dos guardias armados, quienes han estado controlando todo el tiempo idas y venida de suministradores y personal de apoyo para la fiesta.

Samuel camina hacia el portón. Mientras camina va pensando.

"¿Mi padre mandará a soltar los perros cuando los invitados se marchen? En ese caso, la vida de Richard peligrará. Debemos apresurarnos para evitar complicaciones."

Llega hasta la puerta y mira hacia afuera. Los guardias lo observan. Samuel piensa:

¿Qué le pasará a Richard? ¿Por qué demora? Debemos aprovechar el tiempo; de lo contrario no podremos saber lo que hace mi padre".

De pronto, oye un silbido y ve una silueta acercarse al portón. En la semioscuridad de las lámparas de la caseta, observa a Richard caminando. El ex conserje lo llama.

- Samuel.

- ¡Por aquí! - le responde él.

Los guardias lo miran y él les explica:

- Richard es el conserje de mi escuela; y ha sido contratado para limpiar la casa después de la fiesta.

Uno de ellos le dice:

- Aquí no tenemos ninguna información al respecto.

Pero Samuel ya había elaborado una explicación para ello.

- A mi mamá, con tanto trajín, se le olvidó ponerlo en la lista de los que trabajarían. Por eso me mandó para recibirlo.

El hombre titubea, pero Samuel vuelve a la carga:

- Si usted tiene dudas, puedo llamar a mi papá; pero seguro se molestará.

Los guardias se miran y se les ensombrece el rostro. Conocedores de los arranques el doctor, prefieren no intentar la sugerencia del muchacho. El guardia dice:

- No creo que haga falta. Puede pasar.

Abre la puerta; y el conserje le comenta a Samuel:

- Disculpa la demora; pero, hice como me dijiste. Vine en taxi y me bajé por la puerta delantera, pues vi que todavía había invitados llegando; pero me indicaron la entrada de servicio, y seguí caminando hasta acá.

"Pero si yo le había explicado que viniese por la puerta de servicio..."

Pero no le dice nada al pobre hombre, y agrega:

- Vamos entonces.

Samuel y Richard se dirigen hacia la casa, atravesando el jardín. Pero a mitad de camino se desvían hacia la parte donde está el laboratorio. Pasan cerca de la piscina, y de un estanque de peces. Mas en el momento en que van a seguir, se escuchan unas risas.

Apenas tienen tiempo de esconderse entre los arbustos, cuando aparece una muchacha corriendo, seguida de un joven. La chica se pone a juguetear detrás de un árbol, y él trata de cogerla hasta lograrlo. Él la atrae hacia sí, y comienza a besarla con pasión. En una situación semejante, no piensan que son observados.

Samuel le hace una seña a Richard, llevándose el dedo índice a los labios, y toma una decisión. Sale de detrás del arbusto y se hace el sorprendido:

- ¡Ay perdonen!

Los dos jóvenes se asustan; y el muchacho mira a Samuel amenazante, pero recuerda de pronto donde está y le dice:

- ¿Por qué te quedas ahí parado? No es nada; vamos, vete.

Pero se expresa sin mucha convicción en cuanto al tono de rudeza. Es mayor que Samuel, pero comprende que no le conviene pelearse. Samuel se da cuenta de su titubeo y le responde:

- No puedo. Mi padre viene para acá ahora; y si me voy, me va a regañar, pues no me va a encontrar donde me dijo.

La muchacha se arregla la ropa y le dice a su compañero:

- Vamos para la casa. Mis padres deben estar buscándonos.

Mientras se alejan discutiendo, pues el joven está contrariado. El encanto de la noche se ha roto para él.

Samuel los ve irse y sonríe. Richard sale de detrás del arbusto y le dice:

- Para la próxima me avisas lo que vas a hacer, pues por poco meto la pata. No sabía si quedarme o huir.

El muchacho vuelve a sonreír y le responde:

- ¡Bah!, fue para salir de ellos. Ahora vamos a lo nuestro.

Siguen caminando, y llegan a la parte derecha de la casa, donde está el laboratorio del doctor Meltzer.

La casa tiene una forma peculiar. Es alargada y con los extremos redondeados, semejante a la base del famoso capitolio de Washington. Su altura es de dos pisos, y su decoración exterior es muy parecida a una casa europea.

- Mi papá adquirió esta casa, precisamente por recordarle a su patria. Él nació en Alemania.

Richard asiente. Después se van acercando despacio a los ventanales externos del laboratorio para evitar ser vistos.

Samuel está seguro que nadie los importunará. En esa parte de la casa, ninguno se atrevía a circular; ya que todos conocen el carácter del profesor Meltzer. Pero de pronto se para. El muchacho ve que las cortinas de las ventanas están corridas, y en el laboratorio hay luz. Eso le hace dudar. Si su padre está allí, eso cambia todos sus planes…

Ambos se agachan y se acercan a una de las ventanas. Samuel levanta la cabeza poco a poco, incorporándose con cuidado hasta poder mirar hacia dentro. El corazón le late fuertemente en el pecho, y las manos le sudan. Le indica a Richard que se acerque y mire.

En el centro de la habitación está la máquina, y a su lado se encuentran Meltzer y Harrison. Ambos discuten, y el padre de Samuel gesticula para dar énfasis a sus palabras. En un momento determinado, Meltzer se dirige a su escritorio; saca una llave de su bolsillo y abre la gaveta. De ella saca unos planos. Desdobla uno y lo consulta. Harrison se le acerca por detrás, pero el profesor lo cierra de inmediato; y por los gestos y expresión de su rostro, se nota su desagrado por haberlo sorprendido observando el esquema.

Samuel le comenta a Richard:

- Es lógico. Ese plano contiene seguramente el secreto de construcción del aparato, y mi papá no puede permitir que se conozca.

Como ratificando sus palabras, el doctor Meltzer guarda el plano nuevamente en el escritorio, y se vuelve hacia la máquina.

Samuel decide cambiar de posición. Camina agachado, y se acerca a la puerta de salida hacia la terraza. Le hace señas a Richard para que venga junto a él, pues es más cómodo observar por aquel cristal. Anteriormente sólo veían las espaldas de los dos científicos; pero ahora los ven de lado.

El padre de Samuel se encuentra sentado frente a la máquina. Toma el casco y se lo coloca. Harrison se para a su lado. Meltzer lo mira y le dice algo. Este se encoge de hombros y asiente con la cabeza.

El rostro del muchacho refleja asombro; mientras su padre asume una expresión de concentración suprema, y Harrison lo observa boquiabierto. La máquina empieza a vibrar, mostrando el científico una gran concentración; y hasta una especie de brillo lo rodea.

Meltzer alza los brazos y grita algo; pero al parecer el esfuerzo realizado es tan grande, que cae de bruces, y su cabeza golpea contra el panel de control de la máquina. Ello causa un chisporroteo, y el cuerpo del profesor se estremece violentamente; cayendo al suelo con convulsiones y arrastrando consigo el casco, el cual se desprende de la cabeza del doctor con un golpe sordo. La máquina comienza a echar humo, y arrecian las chispas que salen del panel.

Las luces de la casa empiezan a parpadear.

Harrison se echa para atrás, y se pega al escritorio sin saber qué hacer.

Samuel, sin pensarlo dos veces; abre la puerta y se lanza dentro del laboratorio, hacia donde su padre yace en el piso. Lo vira bocarriba y lo zarandea, pero Meltzer no responde.

Richard, quien ha entrado tras él; trata de evitar un mal mayor, pues la máquina parece a punto de explotar. Desconecta el cable de la electricidad, con lo cual el equipo cesa sus fuertes vibraciones y chispazos. Entones mira a Samuel, quien grita:

- ¡Papá, papá!

Pero Meltzer no se mueve. Richard se acerca al científico y pega el oído en su pecho. Levanta la cabeza y le dice al muchacho:

- Samuel, tu padre está muerto.

Samuel lo mira con los ojos llenos de lágrimas.

- Pero, ¿cómo? ¿Por qué?

Richard mira al chico angustiado. Sus nobles sentimientos se sobreponen al natural rechazo que siente por su papá. Comienza a llorar, con la cabeza puesta sobre el pecho de su progenitor.

Harrison subrepticiamente va hacia el escritorio. Revisa en la gaveta, en busca de algún documento adicional que pudiese ser de su interés. Al parecer encuentra varias versiones de la construcción de la máquina; mas como no entiende muy bien su funcionamiento, prefiere quedarse con el que conocía. Cuando intenta tomar el plano del buró; Richard, quien lo estaba observando, le dice:

- Oiga señor. Deje esos documentos ahí y avise a la señora.

- ¿Y usted cómo se atreve a darme órdenes, negro?

En su cara se observa una expresión de odio.

Richard lo mira y trata de ser respetuoso:

- Usted debe recordar, señor; que el niño está traumatizado y no sabe qué hacer.

- ¿Y usted cómo entró a esta casa?

Harrison trata de desviar la conversación.

- Yo vengo con él, pues me pidió...

Harrison no lo deja terminar:

- ¡Usted vino a robar, negro!

Harrison se lanza hacia la puerta que da al interior de la vivienda, la abre y grita:

- ¡A mí! ¡Un ladrón!

Richard lo toma de la manga y le suplica:

- No haga eso, señor. Yo me voy; no me perjudique.

Harrison, al sentirse agarrado, le da un empujón y lo lanza al piso. Samuel, que reacciona al ver a su amigo caer; va a socorrerlo, y desde el suelo le grita a Harrison:

- ¿Por qué hace eso?

- ¡Deja a ese negro, Samuel, que vino a robar!

Harrison le espeta la frase, y volviéndose nuevamente hacia la casa vuelve a gritar:

- ¡Ayuda! ¡Un ladrón!

Richard intenta incorporarse; pero Harrison lo retiene en el piso, agarrándolo por el cuello, y golpeándolo salvajemente en la cara. El viejo comienza a sangrar; y Samuel trata infructuosamente de interceder y apartar al hombre del pobre negro. Mas es superado por la destreza y fuerza del adulto, quien sigue castigando al inocente conserje a patadas en el suelo.

Se oyen los pasos apresurados de gente acercándose. El parpadeo de las luces ha sido general, lo que ha atraído la atención de quienes quedaban en la casa. Y los gritos de Harrison completan la escena, para semejar un asalto a la mansión.

Varias personas empiezan a llegar, entre ellas la madre de Samuel. Los hombres, al ver a Harrison golpeando a Richard, se abalanzan contra el pobre negro y lo agarran. Samuel intenta acercársele para consolarlo, mas no se lo permiten. En ese momento; Ann se percata de que su marido está tirado en el piso inmóvil, y se acerca a él diciendo:

- ¡Klauss!, ¿qué le ocurre, Dios mío?

Harrison le responde.

- El doctor Meltzer ha muerto

- ¡Ay, no!

Ann grita y se arroja sobre el cadáver. Harrison aprovecha el momento, para recoger de nuevo el plano del escritorio; pero es visto por Samuel, quien le grita:

- ¡Oiga, deje eso ahí!

Harrison se queda petrificado, pero sólo por un instante. Enseguida reacciona:

- ¿Qué dices? ¡Esto es mío!

- ¡Mentira! ¡Eso es de mi padre, y él no quería que usted lo tuviera!

- Cálmate muchacho, estas alterado

Harrison trata de aparentar ecuanimidad. Samuel le grita todo descompuesto:

- ¡Usted sí es un ladrón! ¡Está diciendo que Richard es un ladrón, pero eso es mentira! ¡Usted sí se quiere robar esos papeles de mi papá!

Samuel se lanza contra él, y trata de arrebatarle el plano de la mano; pero como el hombre tenía el documento bien agarrado, este se rompe en dos pedazos. Samuel se queda con una parte; pero de inmediato salta para tratar de coger la otra, y hasta lo patea en las piernas, de lo furioso que está. Harrison lo contiene, alzando en alto el fragmento del esquema; y apela a otras personas:

- ¡Ayúdenme, por favor! ¡El muchacho se ha trastornado con lo sucedido!

Dos hombres atrapan a Samuel; y este comienza a luchar para zafarse. Algunas mujeres consuelan a Ann; y la ayudan a levantarse, sacándola fuera del laboratorio, presa de un ataque de llanto. Otros hombres trasladan a rastras a Richard, medio desvanecido y sangrando, para entregarlo a la policía. Quienes sostienen a Samuel, se lo llevan a la fuerza mientras grita:

- ¡Es un ladrón! ¡Él miente!

Unos criados traen una sábana para tapar el cadáver de Meltzer y se retiran. Harrison se queda solo.

Harrison está contrariado, pues el chiquillo se ha llevado consigo la otra parte del plano. Va a buscar nuevamente en la gaveta del escritorio, mas piensa que no es seguro; pues se escucha el ir y venir de pasos afuera, y cualquiera puede entrar y sorprenderlo. Ante todo, debe guardar su compostura; y aparentar no sentir un interés marcado por el equipo, para no atraer sospechas. Prefiere marcharse con la parte del plano que ha quedado en su mano.

Echando una mirada enigmática a la máquina, sale de la estancia…"

CAPÍTULO 29.

Petroni se había enterado de la fiesta en casa de Meltzer, mas la asoció a la idea de una despedida no oficial de éste para con su familia. Y la noticia en la prensa del día siguiente, informando de la muerte del científico, lo sorprende; pero después piensa que bien podía tratarse de una estratagema del mismo, para desaparecer con ellos rumbo al *"Shangri – la"* del Führer. Si su líder había simulado la muerte, el doctor también podía haber hecho lo mismo.

Mas en la mañana del día 23, Meltzer no apareció en la estación central. Desde distintos puntos de observación; él y los dos gemelos alemanes tenían establecido un chequeo, pero el científico no apareció. Por eso hubo de sobornar e indagar hasta la saciedad con la casa funeraria, y con el patólogo a cargo; hasta convencerse que era cierta la muerte del mismo, y no un simulacro.

¿Cómo podía ocurrírsele morirse en estos momentos, cuando tenía un futuro por delante y tantas cosas por hacer? Evidentemente la vida le jugaba a uno una mala pasada cuando menos se lo esperaba. Y filosofando así, conversó con Müller. Ambos decidieron que ya no tenían nada que hacer allí, y se prepararon para partir.

Y en esos preparativos, se descuidaron y no se sintieron observados. Mas ahora era Zajarov quien había intercambiado los papeles…

Después de haber asumido la personalidad de un párroco, tomando varios documentos de identidad falsos en la casa de seguridad donde se había alojado; había decidido comenzar a chequear de nuevo al científico, esta vez con sumo cuidado.

Él también había sabido lo de la fiesta, y vio al italiano cuando entraba en la casa funeraria para verificar la muerte de Meltzer. La imagen de aquel hombre; hizo volar la mente del ruso al momento de su desembarco en los Estados Unidos. ¡Su vista no le había jugado una mala pasada! ¡Era la misma persona del incidente en el buque! Decidió seguirlo, y de lejos observó cómo se reunía con sus acólitos, situados en la terraza de un bar cercano al lugar.

A la vista de los gemelos alemanes, de nuevo los recuerdos se dispararon; y supo que uno de aquellos individuos había sido su atacante en el auto, en el intento de rapto a Meltzer. La corpulencia y manera de conducirse lo delataban.

Este otro equipo sin dudas; era alemán. En el suceso del día del desembarco, le habían mostrado su nacionalidad. Entonces, ¿alguien de la alta dirigencia nazi estaría intentando rearmar el programa nuclear del Führer? Las coincidencias no existen, al menos no en los conceptos de los espías; y este comando alemán estaba allí con un propósito similar a su misión. Esta noticia no podía dejarla pasar por alto; y seguramente Beria agradecería muchísimo esa información. Mas ahora no había más doctor Meltzer; y ello le venía como anillo al dedo, pues encubriría su fracaso.

La muerte del científico bien podía ayudarle en su versión de los hechos: narraría *"cómo habían combatido contra el equipo nazi en el intento de rapto; y cómo habían ultimado a muchos de ellos, sucumbiendo sus hombres honrosamente. Le describiría la personalidad del equipo alemán, haciendo hincapié en el italiano. Bien sabía él que los detalles eran fundamentales para poder Beria y sus sabuesos encontrar una pista para seguirlos"*.

Si bien no había podido cumplir su tarea; al espiar a los germanos y tratar de descubrir la decisión que tomarían, podía servirle de pasaporte a la vida, pues bien sabía lo implacable que era su jefe ante los fallos.

Pero estos no prosiguieron su misión, y Zajarov los vio prepararse para partir. Aparentemente su único objetivo había sido Meltzer, y con su desaparición se cerraba aquella historia para ellos. El agente soviético los vio dirigirse hacia la estación de trenes al día siguiente, y casi les dio una despedida simbólica desde su puesto de observación. Tomó nota mentalmente del tren que habían abordado, el cual salía hacia Nueva York. Seguramente abordarían otro buque...pero, ¿hacia dónde? No podía seguirlos; pero, con semejantes datos, Beria le correspondería con un buen movimiento de cabeza afirmativo, lo cual significaba mucho.

Él debería comenzar de cero. Según los datos aportados por Beria, y de acuerdo con los informes de los científicos alemanes capturados; había una fuga de información del programa nuclear americano hacia el alemán. Y no eran muchos los candidatos para haberlo hecho.

Meltzer era quien descollaba como el más adecuado para ello, y ahora estaba muerto. Mas como no se le había dado ningún nombre en específico; decidió, entonces, permanecer un tiempo más en América, simulando investigar a otros especialistas. Beria y sus agentes no podrían comprobar eso, y ello le daría tiempo hasta ver el desenvolvimiento de los acontecimientos.

No podía arriesgarse a regresar, so pena de terminar ejecutado; o en el mejor de los casos, acabar sus días en un remoto *"gulag"* en Siberia. Con eso ganaría tiempo, hasta ver la reacción de su jefe ante el fracaso inicial de la operación *"Rapto"*.

Ya más tranquilo, recordó entonces el equipo y el plano vistos en la casa del científico; y ello excitó su curiosidad. Decidió que aquello bien podía ser otro salvoconducto para su futuro, en caso de provocar la ira de Beria y Stalin. De todos modos, su versión de los hechos ya estaba modificada; con un papel más decoroso para él y su equipo, acorde con lo que se esperaba de un soldado soviético.

Utilizaría una vez más sus ardides para penetrar la casa del difunto, aprovechando que ese día era el entierro. La casa estaría casi desolada; y buscaría un disfraz adecuado, quizás como trabajador de la compañía eléctrica, con el cual se pudiese engañar a los criados…

CAPÍTULO 30.

Zajarov camina por la estación de trenes. Realiza varios recorridos, tan sólo con el objetivo de comprobar si era seguido. Cuando decide que todo está limpio, se dirige a los casilleros. Al llegar, revisa varias llaves que extrae de su bolsillo. Las llaves están marcadas con una ligera letra, la cual sólo él conoce se corresponden con los disfraces de electricista, plomero, mecánico, párroco y otros. Elige la marcada como electricista, y abre el casillero correspondiente. Mientras lo abre, piensa:

"Todos estos casilleros alquilados, se han habilitado con disímiles cosas y vestuarios; todos necesarios para el trabajo de espía. Hay que reconocer la eficiencia de nuestros agentes "dormidos", encargados de hacer esta labor solapada, quienes no tienen ni la más remota idea de por qué o para quién han escondido estas cosas aquí."

Elige el maletín con el atuendo de electricista, y se dirige a uno de los baños públicos. Se transmuta allí dentro para no llamar la atención. Después mete en el maletín las ropas de clérigo. Sale vestido de electricista; y coloca el bolso con el ropaje del sacerdote dentro del casillero adecuado.

Saliendo de la estación; camina por la ciudad y entra en una ferretería, donde adquiere un set de herramientas adecuadas. Después se dirige a una agencia de rentas, donde alquila una moto. Se detiene en una calle secundaria, poco frecuentada; y le coloca uno de los logotipos de la compañía eléctrica al vehículo. Después se dirige a la casa de los Meltzer.

Zajarov llega a la puerta de servicio de la casa de los Meltzer. Se dirige al guardia y le comenta:

- Buenos días. Vengo para revisar la instalación eléctrica.

El guardia le responde:

- No me han informado de ninguna inspección hoy.

- Bueno, no sé si le han dicho o no, pero yo vengo a hacer mi trabajo.

Asume un tono confidencial y agrega:

- Hay rumores que hablan de la muerte del profesor, producto de una descarga de electricidad; y alguien cercano a la familia, llamó para que la revisión se hiciese sin mucha bulla. Aunque el servicio no se haya afectado en la morada, las instalaciones y cables ocultos podían haber sufrido algún daño, y nadie quiere pagarle una millonada a la compañía eléctrica por mal uso de equipos no autorizados… Así que me llamaron de *"incognito"*, y me han pagado bien para hacer este trabajo extra… Es sólo una inspección de rutina, para comprobar si todo el cablerío funciona correctamente.

El guardia se convence y lo deja entrar. Zajarov penetra en el perímetro de la hacienda y se dirige a la morada. Para dar más credibilidad a su versión; inicia su *"revisión"* por la entrada externa, en el metro contador de la red eléctrica de la vivienda. Después toca a la puerta, y se presenta ante el mayordomo. Le explica de igual modo la razón de su visita; y el hombre se encoge de hombros, acompañándolo hasta el laboratorio.

Zajarov zafa el tomacorriente donde estuvo conectada la máquina, y comienza a sacar los cables y a medir la tensión con un voltímetro. Viéndolo ocupado; el sirviente le dice algo y se retira.

Apenas el mayordomo cierra la puerta, el agente soviético, con agilidad felina; se asegura de no ser observado por nadie a través de las ventanas del local. Después va velozmente hacia la puerta, y la entreabre para ver. Comprobando que nadie lo perturbara, se dirige hacia el escritorio del fallecido científico. La máquina causa de la tragedia, se encuentra al lado. Su mente razona velozmente.

"Sobre ese mueble he visto el plano de la máquina, y ahí buscaré. Es el lugar lógico, pues el resto del local está lleno de escaparates con piezas, cables y herramientas."

Sus manos abren la gaveta, y sacan varios esquemas.

Todos aquellos planos reflejan, de una forma u otra, la máquina que tiene delante. Pero su ojo aguzado le dice; que aquellas son versiones anteriores, de un resultado final que no está en ninguno de esos esquemas. A la mortecina luz del local él había visto, en la noche del rapto, otro plano. Su bien entrenada mente, y su excelente memoria, le aseguran ese detalle. ¿Dónde, entonces está la versión final?"

Zajarov revisa por todas partes y no encuentra el plano. Su rostro se ensombrece, y después mira su reloj pulsera. Se da cuenta que no puede estar mucho tiempo allí, pues levantaría sospechas.

Decide tomar todos aquellos esquemas, y ya después los científicos soviéticos podrían tratar de entender las diferencias. Coge el que le parece más acabado, y lo compara con la máquina.

Mientras revisa los circuitos, palancas y botones, trata de imaginar su funcionamiento mientras piensa:

"Esto también me podría servir de pasaporte a la vida; pues no se atreverían a eliminarme, si puedo hacerle entender a Beria que domino los secretos de este equipo."

Mete todo en su maletín de *"electricista"*; y, cuando toma uno de los destornilladores para colocar la tapa del tomacorriente en su lugar, la puerta se abre…

CAPÍTULO 31.

La criada escucha el toque de la campanilla de la puerta, y se apresura a abrir. De inmediato entran Ann, Harrison y su esposa. Todos visten de negro, pues regresan del entierro de Meltzer. La doméstica toma todos los abrigos y sombreros, y los acompaña hasta el salón. Cuando se sientan, pregunta:

- ¿Les sirvo algo, señora?

- Para mí un té. Ustedes, ¿qué desean tomar?

Ann se dirige a Harrison y su esposa. Su voz se nota cansada.

El científico dice:

- Lo mismo, por favor.

Y su esposa asiente con la cabeza.

Todos se sientan. Harrison se dirige a la viuda y le dice:

- Ann, hemos querido acompañarte en este momento difícil, para que veas que puedes contar con nosotros. Hoy hemos enterrado a Klauss, quien fue mi mejor amigo y compañero en el trabajo. Él siempre estará en nuestros corazones.

- Muchas gracias, Arthur; y a ti también Linda. Sin ustedes a mi lado, no sé cómo me sentiría. Ustedes son mis únicos y verdaderos amigos.

Linda le comenta:

- Puedes contar conmigo para lo que sea. Como Arthur tiene sus obligaciones en el trabajo, yo estaré libre para venir a tu lado.

- Y realmente me hará falta, pues está también la situación de Samuel…

Harrison agrega.

- Sí, es cierto. Ese muchacho realmente se ha desajustado con la muerte de su padre. Mira a donde ha llegado, internado ahora en una clínica psiquiátrica…

Hace como si se quedara pensativo y agrega:

- Lo que no comprendo es cómo ha caído en ese estado de histeria. No hace más que acusarme de robo, y sigue defendiendo a ese conserje. No sé si lo sabes, Ann; pero Klauss me comentó que el señor Baker, el director, lo había llamado porque Samuel estaba andando con ese negro en la escuela. Incluso lo habían expulsado del colegio por estar influyendo negativamente en los muchachos.

Hace una pequeña pausa y continúa:

- Miren como ese ladrón, utilizando sus artimañas, convenció a Samuel para dejarlo entrar en la casa. A lo mejor fue en venganza por haber perdido el trabajo. ¡Debemos tener mucho cuidado con nuestros muchachos! Ese negro ha fingido, y ha utilizado increíblemente su influencia con Samuel. Fíjate si lo ha convencido, que tu hijo lo cree inocente.

Ann responde:

- Es cierto…

Ann levanta la cabeza, en el momento en que la criada se presenta y sirve las tazas de té. Después continúa:

- Samuel siempre fue un muchacho retraído; y eso se agudizó más aún, en los últimos tiempos en que Klauss ni se ocupaba de él. No está bien hablar mal de los muertos; pero en realidad Klauss hace mucho tiempo que no nos atendía como debía. Estaba siempre demasiado dedicado a su trabajo. Aquí mismo en casa, en su laboratorio, no salía ni para comer. Por cierto, Arthur; ¿sabes tú qué tipo de equipo es ese, el cual fue el causante de su muerte?

Harrison es sorprendido por la pregunta, mas se recupera rápido y dice:

- Mira Ann, yo podría explicarte, pero es un poco complicado. Klauss y yo estábamos trabajando en eso desde hace muchos años. Cada uno realizaba una parte del proyecto, y él siempre quiso montar aquí la máquina, pues alegaba que le resultaba más fácil dedicarse en las noches a eso.

Miente descaradamente, y después continúa:

- Yo siempre estuve en desacuerdo con su forma de trabajar, porque no tenía el descanso requerido; y mira los resultados. Según el doctor; su muerte fue provocada por un derrame cerebral, debido a la presión a la que se sometió en los últimos días. Él fue muy insistente en probar hoy la máquina, y ya vistes el resultado. Fue víctima de su propia fatiga mental y física. Dice el doctor, que una descarga eléctrica de la máquina le provocó también un paro cardiaco; así que ambas cosas fueron las causantes de su muerte. Me hubiese gustado salvarlo, más no pude hacer nada. Pero te prometo darle continuidad a este proyecto, para honrar su memoria.

Ann le responde:

- No te preocupes. Bien sé que no pudiste actuar. Sólo quería saber si esa máquina serviría para algo, sino para botarla.

- ¡No!

Harrison casi grita cuando hace la exclamación. Se expresa tan vivamente, que provoca una mirada de extrañeza en Ann.

- ¡Yo continuaré el trabajo!; y aunque está inservible ahora, puedo tratar de arreglarla. Para ello necesito los planos, pues son el resultado de nuestro trabajo común. Mas; como Samuel no lo sabe, por eso me acusa de robarlos. Pero; ¿tú crees que si no hubiésemos estado trabajando en ello los dos; Klauss me hubiese dejado ver su proyecto, y me hubiese dado acceso a su laboratorio?

Ann replica con voz cansada:

- Por supuesto. Nunca he dudado de la amistad de ustedes, y de la colaboración científica que tenían. Pero Samuel evidentemente ha quedado muy afectado por la muerte de su padre. Y en cuanto a la influencia del negro ese… Yo también estaba al tanto de ello, pues la maestra me lo había comentado también. Sólo que no me sentí con fuerzas para castigarlo por ello, siempre pensando fuese algo pasajero. Pero me equivoque…

Ella tiene la expresión apesadumbrada. Se enjuga una lágrima y prosigue:

- En cuanto a la máquina, puedes recogerla cuando quieras. No tengo ánimos para arreglar la casa, ni siquiera para componerme yo. Con Klauss muerto; y Samuel internado en la clínica, quien sabe por cuánto tiempo…

Comienza a sollozar fuertemente, y Linda se levanta para consolarla.

Harrison interviene.

- Ann, es mejor que te recuestes y tomes un calmante. Nosotros te acompañaremos un rato más.

- No…

Dice ella enjugándose las lágrimas. Después continúa:

- No hace falta que se queden. Pero sí necesito descansar. Pueden marcharse sin problemas, yo voy a acostarme.

Linda le sugiere:

- Y prepárate. Te invito a pasarnos unos días de vacaciones nosotras solas. Nos vamos al extranjero, a una islita del Caribe para descansar. No puedo esperar a que Arthur tenga tiempo. Tú sabes que nuestros maridos siempre están muy ocupados… ¡Ay, disculpa! Es la costumbre de hablar en plural…

- No te preocupes. Acepto tu invitación. Dime cuando partimos, y te estaré agradecida.

- Podemos organizarnos para pasado mañana. Haré todas las coordinaciones, y te prometo que quedarás satisfecha.

Harrison aprovecha para decirle a la viuda:

- Ann, ¿crees que pueda pasar al laboratorio? Hay cosas que quisiera recoger, de importancia para nuestra investigación común. No es sólo la máquina. Están los esquemas también.

- Sí, por favor. Eres libre de hacer lo que quieras.

- Por cierto, la otra parte del plano que me arrebató Samuel, ¿no se ha podido recuperar?

- No, amigo.

Le dice ella y vuelve a bajar la cabeza con tristeza.

- Dicen los doctores que el niño ha hecho fijación con eso. Se aferra a él como el único recuerdo de su padre muerto, y está todo el tiempo diciendo que tú se lo quieres quitar. ¡Hasta duerme con el plano debajo de la almohada! Los médicos creen que no es bueno quitárselo por el momento, pues le puede acentuar su estado.

- No importa. Cuando mejore lo podré tener. Ya el muchacho se dará cuenta de su error y cambiará su parecer.

Harrison piensa:

"Bien sé que eso no va a pasar; pero ya encontraré una vía de sobornar a algún médico o enfermera, que se lo quite al chico y me lo haga llegar."

Después agrega en voz alta:

- Pero mientras tanto debo trabajar en ella. Debo cotejar los planos de Klauss con los míos y hacer los arreglos necesarios. Por eso me hacen falta las otras versiones.

Miente nuevamente, pero nadie lo sabe.

- No es problema. Siéntete como en casa.

Su esposa le dice en tono de advertencia:

- Voy a acompañar a Ann a su habitación. Y procura no demorarte. No quiero que te enfermes con ese vicio de trabajo que tienes.

Harrison ve a su esposa acompañar a la viuda hacia su cuarto, y él se dirige hacia el laboratorio…

Cuando Harrison abre la puerta, su cara adquiere una expresión de sorpresa al ver a un electricista en el local. No menos desconcertado está Zajarov cuando ve al científico allí. La tensión del momento casi se puede palpar.

Ya Zajarov conocía a Harrison, de haberlo visto durante sus observaciones a Meltzer; y sabe de su papel como agente de la OSS. Y no esperaba tan pronto, el regreso de la viuda y sus acompañantes al cortejo fúnebre.

Zajarov es quien primero se repone. Con su habitual sangre fría, hace como si el hombre fuera el propietario de la casa y le comenta:

- Ya terminé, señor. Fue una revisión final, para chequear que todo estuviese en orden con su servicio.

Y se agacha para terminar de colocar los cables en su lugar, y tapar el tomacorriente.

Harrison balbucea sin mucha convicción:

- Está bien. Yo sólo vine a recoger unos papeles.

Se dirige al buró y abre la gaveta. Se queda boquiabierto mirando el cajón vacío.

- ¿Qué rayos es esto? ¿Dónde están los planos?

Él mira a su alrededor; pero, al igual que Zajarov, de una ojeada se percata que el único lugar donde podían estar los esquemas era el escritorio. Además, ¡él los había dejado allí!

Zajarov lo mira, mas se supone que él no debe saber a qué se refiere Harrison. Continúa su labor.

El científico se dirige a la puerta del laboratorio y llama al mayordomo. Este se presenta de inmediato, y Harrison le pregunta por los planos.

- No sé, señor. Ahí nadie ha entrado. Sólo la criada para limpiar, y ahora el electricista.

Zajarov termina de tapar el tomacorriente; pero se queda con el destornillador en la mano. Su instinto le dice que hay peligro. Y en caso de apuro, ¡le serviría como arma para defenderse!

Harrison vuelve a revisar el cajón del escritorio, y se lo muestra al sirviente.

- ¡El día de la muerte del profesor, yo dejé unos documentos ahí y ahora no están! ¿Cómo me explica eso?

- No sé, señor. Le repito que nadie ha entrado aquí.

Zajarov se dirige a él y le dice:

- Ya terminé mi revisión, yo me retiro.

- ¡No!

Le dice el científico con furia.

- ¡Lo vamos a revisar antes de irse! ¡No pueden haberse perdido esos papeles, así como así!

Zajarov pone una expresión entre confundido y perplejo, y le responde:

- Señor, yo entré hace unos minutos y no he tocado nada, sólo he hecho mi trabajo. El mayordomo se lo puede confirmar. De hecho; hace sólo un instante que me dejó, pues ahora mismo estaba aquí. ¿Verdad señor?

Y mira al sirviente buscando su apoyo. Entre ambos se intercambia una mirada de inteligencia. Este comprende que no le conviene aparecer como descuidado en sus funciones, al haber dejado solo al electricista en el salón.

- Así mismo es, doctor. El hombre no se ha quedado solo mas que un instante.

- ¡Pero suficiente para tomar esos papeles! ¡Y no se va sin revisarlo!

Zajarov aprieta el destornillador en su mano, y se prepara para lo peor. Pero, en ese momento, una idea cruza por su cabeza.

- Fíjate lo que te voy a decir, ricachón…

Y se le encara. ¡Se está jugando una carta muy arriesgada!

- Podrás tener una casa muy lujosa y todo el dinero del mundo, pero yo conozco mis derechos. Para revisarme, tienes que llamar a la policía y hacer una denuncia formal. Y sólo si traen una orden del juez, me podrán registrar. Y mientras tanto yo, que tengo derecho a una llamada, voy a hacer venir al abogado de nuestro sindicato; el cual les va a romper las pelotas a ti y a la compañía eléctrica, por violación de la inmunidad ciudadana. Y, además, como no me van a encontrar nada; te voy a hacer pagar una indemnización que te voy a dejar pelado. Eso sin contar que, si tú o alguno aquí intenta ponerme una mano encima; se las va a tener que ver muy a lo cortico conmigo por agresión física.

Harrison se queda de una pieza. No esperaba semejante reacción, pero sabe que todo cuanto ha dicho el electricista es cierto. Para colmo, el mayordomo acota:

- Es cierto señor. Sólo si usted tiene una evidencia muy fuerte y real, va a poder levantar una acusación contra él. Y yo no voy a testificar en ningún caso.

Y señala a Zajarov. Después prosigue:

- Además, si usted se atreve a acusarme a mí, o a alguien del personal de servicio; seguro que se las verá muy mal también. Mi mujer es la cocinera, y mi hija la criada. Todos somos muy honestos; y hemos estado a prueba de la familia durante muchos años. Yo no voy a permitir semejante afrenta.

Zajarov sonríe. El mayordomo está cubriendo sus espaldas también. Después el mayordomo agrega:

- Además, usted no sabe si el difunto señor lo cambió de lugar antes de morir.

Zajarov se hace el sorprendido:

- ¡Ah! ¿Pero esta no es su casa? Entonces no sé qué está reclamando. Yo me voy, ¡y ni se le ocurra impedirlo! Tengo otros trabajos que hacer; y si intenta detenerme, ahora mismo llamo a mi jefe, y lo acusarán por obstrucción de mis funciones. Le va a costar una buena también.

Y uniendo la acción a la palabra, tomó su maletín de herramientas y se marchó.

CAPÍTULO 32.

Los Harrison salen al portal de la casa de los Meltzer. El chofer los espera, y les abre la puerta solícito. Después pregunta:

- Los llevo a casa doctor Harrison?

- Sí, Andrew.

Su cara denota un gran disgusto.

El auto arranca y toma el camino de regreso. En el asiento, Linda iba pensativa. De pronto le pregunta a Harrison:

- Dime una cosa, Arthur; ¿cuánto tiempo estará Samuel en esa clínica?

Harrison la mira extrañado por la pregunta; pero le responde:

- Yo le pregunté al doctor, y me dijo que era impredecible. Se encuentra bajo un shock muy grande, y no tiene signos de recuperación visible.

- Por eso quiero sacar a Ann de aquí. Temo que pueda atentar contra su vida.

- Sí es bueno que te preocupes por ella…

Pero su pensamiento está muy lejos de ser ese.

"Me da lo mismo lo que haga. Le respondo para salir del paso. ¡Menuda lata ahora, que tengo un grandísimo problema por delante! Los planos accesorios de la máquina han desaparecido; y me falta la otra mitad, pues el chiquillo se empeña en no soltarlo."

Su esposa, ajena a todo el drama que bulle en la cabeza de su marido, continúa:

- Y dime; ¿a qué viene tanta compenetración de Samuel con el conserje ese?

- Esos negros son malos por naturaleza, y quien sabe qué intenciones tendría con el chiquillo. No por gusto trabajaba en esa escuela para niños ricos. A lo mejor pretendía raptar a alguno, o quien sabe qué otra cosa buscaba.

Su semblante mantiene su insatisfacción, mientras inventa toda aquella sarta de mentiras.

- ¡Qué barbaridad! Y pensar que nuestro hijo está en ese colegio.

- Pero ya el peligro pasó, y el señor Baker debe ser más cuidadoso en su selección del personal. Aunque no se le puede achacar culpa alguna, pues esos negros engañan a cualquiera. Gracias a Dios; el fiscal del distrito me comentó que, como se le achaca entrada a la casa usando artimañas con un menor de edad, estando además cesante, esas son agravantes que no le quitarán varios años de cárcel.

- ¡Y pensar que ese muchacho te menciona como ladrón!

- El doctor dice que debe ser por asociación de ideas. No importa; yo tengo la conciencia limpia, y por eso dedicaré el resto de mi vida a rehacer la máquina. Llevaré adelante el ideal de Klauss, para honrar su memoria.

Sus palabras suenan pomposas y falsas.

Y diciendo esto, se recuesta.

El auto va alejándose por la carretera, mientras es seguido por una moto…

FIN